「新たな資本主義」のマネジメント入門

Management that makes people happy under new capitalism

人を幸せにする経営54の視点

坂本光司

Koji Sakamoto

ビジネス社

はじめに

本書のタイトルは、「新たな資本主義」のマネジメント入門とさせていただいた。その意味は、これまで長らく続けられ、信じられてきた「資本家のための資本主義」「経済成長のための資本主義」を是とし、それをまるでバイブルのようにし、多くの経営者が実施してきた「株主価値の最大化」を目的にしたような「古いマネジメント」に対する対立概念である。

筆者が考える「新たな資本主義」を、一言でいえば「社員のための資本主義」「人の幸せのための資本主義」「五人（五者）のための資本主義」である。

それゆえ、そのもとで実践される経営学は、「株主価値の最大化」「効果・効率の最大化」等ではなく「関係する人々が幸せになる・感じる経営」こそが、原理・原則となる。

そもそも、古い資本主義のもとでも、新たな資本主義のもとでも、企業の存在目的とその使命は、関係する人々の幸せの追求・実現である。

しかしながら、そのための手段や結果に過ぎない業績の極大化こそが、企業経営の最大・最高の目的・使命と、過去・現在を含め多くの経営者が勘違いしているのである。

あえて言えば、それは資本主義そのものの限界等ではなく、経営者・経営学の限界・問題といっても過言ではない。

ともあれ、組織の業績向上を目的・使命に位置付けた経営のもとでは、人、とりわけ社員や、筆者が社外社員と名付けた仕入先とか協力企業で働く人々は、発注企業の業績向上のための「コスト」や「景気の調整弁」と評価・位置付けられてしまう。

そればかりか、何らかの原因で発注者の業績が悪化すると、罪のない社員に対しリストラ（希望退職を募る）を平然と行うのである。

よりひどいといつも思うのは、業績が赤字どころか、黒字であるにもかかわらず、千載一遇のチャンスのように行われる、いわゆる黒字リストラである。

現在わが国には、精神障がいのある人が約四〇〇万人を数え、また、毎年二万人以上のかけがえのない命が自死で失われているが、こうした人々の大半は、社会、とりわけ、目的と手段と混同した経営を行う企業、結果に過度に固執した企業などが発生させた病、問題と言っても過言ではない。

こうした間違った経営を行う企業がことのほか多いのは、最も大切な目的である人の命と生活を守ることを、時間をかけて教えていない教育機関、とりわけ大学やビジネススクールで教えられている経営学や商業学、経済学も罪深い。

周知のように、わが国の経営学では、欧米から輸入された学理論がベースになっていることもあり、株主価値の最大化を目的・使命に、業績重視、効果・効率重視、コスト重視、さらには生産性重視が教えられ、人々はそれを学んできた。

自分事であるが、筆者も五〇年以上前に経営学部で学んだ一人であるが、そこで教えられ学んだ講義の大半は、本書のメッセージとは真逆の経営学であった。

余談であるが、恥ずかしながら筆者も当時は、経営学とはそもそもそういう学問かと思い、そうした経営学に対して疑問すら持たなかった。


ともあれ、こうした株主第一主義・業績第一主義の経営のもとでは、人はそのための手段・道具と評価され、位置付けられてしまう。

いくら人財重視経営と叫んでも、その原点は、いかに人、とりわけ社員を、最大の経営資源として高度に利活用し、業績を高めるかであった。つまりそこでの人財重視経営は、真に人、とりわけ社員やその家族の幸せのためではなく、企業業績を高めるための経営資源としての人だったのである。

またいくら顧客第一主義といったとしても、その真の狙いは、企業の業績向上のための顧客第一主義でしかなかった。

こうした経営の考え方・進め方では、企業経営の目的・使命である「関係する人々の永遠の幸せの追求・実現」どころか、関係する人々、とりわけ社員やその家族、さらには、仕入先や協力企業等の社外社員やその家族を、心身共に疲れさせてしまう。

それればかりか、組織内からはお互い様風土は次第に消え失せ、職場の中は冷たい風が吹き荒れ、ギスギス感が蔓延していくのは当然である。

そして、社員や社外社員の組織愛・働きがい・モチベーションは、日に日に低下していき、結果として顧客満足度も加速度的に低下していくのである。

時代が右肩上がりであり、また人も社会も物的満足度、つまりモノの豊かさが重視される時代ならばともかく、今や心の豊かさ・幸せを求める時代である。

加えて言えば、人の欲求もアブラハム・マズローのいう、最高欲求である自己実現どころか、「大切な人をはじめとする他人や社会の幸福の実現」こそが最大の欲求になってきている。

こうした時代においても、なお旧態依然と業績重視・勝ち負け重視といった、人の幸せではなく、企業をことさら重視した経営を続けていたならば、その企業は間違いなく、やがてつじつまが合わなくなってしまい、内部崩壊をしていくのは確実である。

近年、わが国を代表する大企業の多くが業績不振に陥り、大規模なリストラや、外国企業への身売りを余儀なくされているが、その原因は、外部環境の悪化などではなく、その企業の経営者の経営の考え方・進め方にこそ、最大原因があるといっても過言ではない。

筆者はかねてより、こうした経営の考え方・進め方に警鐘を乱打しつつ、「人間第一主義経営」、「社員とその家族第一主義経営」、「〝五方良しの経営〟の必要性と、その実行」を強く世に問うてきた。それは、一つは、企業は何のために存在するのか…、私たちは何のために働くのか…、といった、そもそも論からである。

そして、もう一つは、過去五〇年以上にわたり、すでに八〇〇〇社以上の企業を訪問調査し、そこで行われている経営について研究しているが、長期にわたり安定的に好業績を実現している企業の経営は、例外なく、「人の幸せの追求・実現」が、企業経営の第一目的だったからである。

つまり、「人を幸せにする経営」、「人が幸せを実感できる経営」は、きれいごとでも、机上の空論でもなく、ブレない企業の生きた経営なのである。

こうした時代背景・時代認識の中で、本書を執筆した。

およそ四年前、ＰＨＰ研究所から『人を大切にする経営学講義』というタイトルの本を書かせていただいたが、本書はそれをベースに、大幅に加筆修正するとともに、新たな知見に基づき執筆した。

また、前書は経営の「あり方」だけでなく「やり方」についても論じたが、本書は「あり方」を中心に執筆した。

本書が正しい経営、つまり、「お天道様に顔向けのできる経営」「神様からご褒美をいただける経営」を実践している企業関係者や、これからそうした経営を実践し、よりよい企業になりたいと考えている企業関係者、さらには、そうした企業を増やしたいと取り組んでいる支援機関の関係者にとって、少しでも参考になれば幸いである。

最後に本書出版の機会をくださったビジネス社の中澤部長や、いつもながら、筆者を献身的に支援してくれている、親しい仲間や家族に対しても、心からお礼申し上げたい。

二〇二一年二月　　富士山の見える自宅にて

人を大切にする経営学会会長、千葉商科大学大学院中小企業人本経営（ＥＭＢＡ）

プログラム長・客員教授　**坂本光司**

「新たな資本主義」のマネジメント入門　目次

はじめに　2

第1章　マネジメントの歴史

1 手段からスタートした経営学……14
2 ドラッカーやミンツバーグが提起した経営学……21
3 マネジメントの目的を問うた先人たち……24
4 ジョンソン・エンド・ジョンソンの「我が信条」……29
5 企業は誰のものか……33
6 マネジメントの目的・使命……37
7 企業が保有すべき三つの機能……42
8 規模のマネジメント……46
9 「ビジネス・ラウンド・テーブル」の声明文……50
10 日本でいちばん大切にしたい会社大賞……55

第2章 人を幸せにするマネジメント

1 人を幸せにするマネジメントとは …… 60
2 人を幸せにするマネジメント、業績を重視するマネジメント …… 64
3 社員とその家族を幸せにするマネジメント …… 69
4 社外社員とその家族を幸せにするマネジメント …… 74
5 現在顧客と未来顧客を幸せにするマネジメント …… 82
6 地域住民とりわけ障がい者等社会的弱者を幸せにするマネジメント …… 88
7 株主・支援機関等の関係者を幸せにするマネジメント …… 94

第3章 リーダーの使命・責任

1 5つの言い訳 …… 100
2 リーダーの使命 …… 105
3 リーダーの仕事 …… 108
4 求められるリーダー像 …… 112
5 後継者 …… 116
6 社長と会長 …… 123

7 帝王学 127

第4章 正しい競争

1 価格競争と非価格競争 132
2 価格は需給のバランスで決定する 137
3 価格競争型経営の終焉 139
4 求められる適正価格競争経営 145
5 やるべき競争・やってはいけない競争 148

第5章 業績評価の基準

1 利益とは何か 152
2 適正利益率とは 154
3 人件費とは 162
4 役員の報酬 165
5 健全な赤字・不健全な黒字 172
6 生産性とその低下要因 175

7 正しい生産性向上 …… 181

第6章 人財経営

1 企業の盛衰は人財が決定する …… 186
2 働きがいを高める経営 …… 190
3 制度より風土 …… 194
4 人財の確保・育成・定着 …… 197
5 人財の評価 …… 201
6 逆ピラミッド型経営組織 …… 206
7 要は総務部門 …… 209

第7章 環境変化にどう対応するか

1 2つの変化・問題 …… 214
2 時代を読む5つの眼 …… 217
3 問題とは何か …… 220
4 変えるべきことと、変えてはいけないこと …… 222

5 小さな本社 227

第8章 大家族的経営

1 成果主義は人を幸せにしない 234
2 いちばん大切なことをいちばん大切にする 241
3 社員満足度が高い企業は業績も高い 246
4 企業経営は個人戦ではない 252
5 人を幸せにする経営計画 255
6 経営理念は企業の憲法 260

第1章

マネジメントの歴史

1 手段からスタートした経営学

すべての活動には目的と手段と結果の三つがつきものである。いうまでもなく、目的とは何のために、誰のためにそれを行うのかといった活動の原点である。手段とは目的を実行・実現するための方法・手法・戦略のことである。そして、結果は目的と手段がもたらした成果のことである。

この三つの中で、最も重要なことは、言うまでもなく目的である。手段や結果が目的より上位概念等という考えはあり得ない。それもそのはず、目的がなければ、手段もないし結果もないからである。

ともあれ、人や組織による活動は、有史以来行われてきた。しかしながら、そこでの活動は、科学化されたものではなく、個々バラバラな活動であり、今日でいう個人や組織の生産性とか、効果・効率が強く問われる時代でもなかった。

また、その活動の目的も、強く意識されてはおらず、どちらかというと、自分が生きるため、生活するため、といった経営とは程遠いものであったといえる。

こうした人や組織の活動が、科学としての研究の必要性が芽生えてきたのは、一八世紀半ばから一九世紀にかけての第一次産業革命以降である。つまり、産業革命により、本格的に工業化社会に移行する中で、作業員の個々バラバラな作業や管理手法では、生産や納期に支障をきたしてしまう。作業の効果・効率を一層高めることや、そのための作業や時間の標準の設定の必要性の意識が高まっていったのである。

こうした時代背景の中、作業を円滑に遂行するための効果的経営管理手法が、多くの研究者や経営コンサルタントさらにはエンジニアによって行われだした。

その代表格が、フレデリック・W・テーラー（一八五六年～一九一五年）であろう。テーラーは自身が工場の機械工からエンジニア、そしてそれら人々を束ねる職長であった経験を活かし、そのためには、作業を細かく分割し、作業要素ごとに時間研究や作業研究を行うことが必要と認識し、科学的管理の方法を研究した人である。

テーラーは、作業を科学的管理法の手法を考案し実践することで、生産現場に近代化をもたらし、マネジメントの概念を最初に確立した人とも言われている。

テーラーの著名な研究著作は『ショップ・マネジメント』（一九〇三年）や、『科学的管理法の原理』（一九一一年）などである。

つまり経営学が「科学」として認識されるとともに、一定の評価を受けだすのは他の多くの学問とは異なり、たかだか一二〇年前に過ぎないのである。

ともあれ、経営学はすでに行われている企業活動を前提・追認することでスタートしたため、「企業経営とはそもそも何か…」とか、「企業経営の目的・使命は何か…」といった最も大切なことが欠落してしまい、単に経営の効果・効率を高めるための方法論が中心となってしまったのである。

テーラー以後、効果・効率を重んじ、それを高めるための経営学は、次第に多くの研究者や、経営コンサルタントにより、深められ展開されていく。

その代表格は、ハーバード大学の心理学者エルトン・メイヨー（一八八〇年〜一九四九年）や経営学者フリッツ・レスリスバーガー（一八九八年〜一九七四年）、心理学者のアブラハム・マズロー（一九〇八年〜一九七〇年）、さらには、心理学者フレデリック・ハーズバーグ（一九二三年〜二〇〇〇年）や同じく心理学者ダグラス・マクレガー（一九〇六年〜一九六四年）等である。

そして近年で言えば、経営コンサルタントのジム・コリンズ（一九五八年〜）や経営史学者のアルフレッド・チャンドラー（一九一八年〜二〇〇七年）、経営コンサルタントのトム・ピーターズ（一九四二年〜）、さらには経営学者であるマイケル・ポーター（一九四七年〜）等である。

エルトン・メイヨーやフリッツ・レスリスバーガーらの著名な研究成果は、一九二四年から一九三二年までの八年間にわたり行われた「ホーソン研究」（ホーソン実験）である。なお当初この研究（実験）は、ウエスタン・エレクトリック社の社内メンバーが中心でスタートした。メイヨーやレスリスバーガー等ハーバードグループは、途中から参加している。

ここでの研究成果を要約すれば、人や組織の効果・効率は、人や職場の生産性を高めるための生産条件や、作業の標準化より、その仕事を行う人間の感情や人間関係といった心的な要因の方が、企業業績に、はるかに大きな影響を及ぼすというものである。

アブラハム・マズローや、フレデリック・ハーズバーグ、そして、ダグラス・マクレガーは、さらに、その研究成果を深め、「科学的管理法」であるテーラーシステムを批判しつつ、心理学的側面から「人間関係論」「モチベーション論」として経営学を飛躍的に深化・発展させている。

アブラハム・マズローの「生理的欲求」「安全の欲求」「社会的欲求」「承認の欲求」そして「自己実現の欲求」から成る「欲求五段階説」は、とみに著名で、現在でも様々な場所で活用されている。マズローは「人間は自己実現に向かって絶えず成長する生物である」とし、その欲求の段階を五段階に分け理論化した。

そして人間は、第一段階の欲求である「生理的欲求」（食欲や睡眠欲）から、第二段階である「安全欲求」（病気や不慮の事故にあわず、安心・安全に暮らしたいという欲求）、そして第三段階の「社会的欲求」あるいは「帰属の欲求」（家族、友人や集団から受け入れられたい、愛されたいという欲求）、第四段階の「承認欲求」（人から尊敬されたい、認められたいという欲求）と高次化していき、最後に第五段階の「自己実現の欲求」（自分の夢、目標を実現したいという欲求）にまで到達するという理論である。

ところでマズローは、この「欲求五段階説」を発表した後、より高次の欲求として「自己超越欲求」を提起している。

つまり、最高の欲求は自分の満足・幸せではなく、周りにいる人々・他人の満足・幸せをわが喜びとする欲求という意味である。こうした欲求の実現を追求する人々が飛躍的に増加したならば、わが国の社会はもとより経済もより良いものになることは間違いない。

さらに、マズローの研究成果を深化・発展させたのが、フレデリック・ハーズバーグやダグラス・マクレガー等である。ハーズバーグの動機づけの「二要因理論（動機づけ要因と衛生要因）」やマクレガーの「X・Y理論」等も、批判も多いが著名な理論である。

まず、ハーズバーグの「二要因理論」についてだが、これは、仕事の満足と不満足を引き起こす要因に関する理論である。人間の仕事に対する満足度は、ある特定の要因が満たされると上がり、不足すると下がるというわけではない。満足に関する要因（動機づけ要因）と、不満足に関する要因（衛生要因）とは別物という理論である。ちなみに動機づけ要因とは「仕事そのもの」「責任」「昇進」等であり、衛生要因とは「給与」「対人関係」「作業条件」等である。

つぎにマクレガーの「X・Y理論」は、簡単に言えば人間観、動機づけに関する対立的な理論である。X理論は人を「性悪説」で評価した理論であり、Y理論はこれとは逆に、人を「性善説」で評価した理論である。

このようにテーラー以降、経営学の中心は、経営管理理論から、心理学者らが提起した人間関係論に移っていった。そして、一九八〇年以降になると、経営学研究の中心は、それまでの「人間関係論」から「経営戦略論」に移っていく。

その代表格は、『ビジョナリー・カンパニー～時代を超える生存の法則～』（二〇〇一年）の著作で著名な経営コンサルタント、ジム・コリンズや、『エクセレントカンパニー』（一九八三年）という著作で著名な、やはり経営コンサルタントであるトム・ピーターズとロバート・ウォーターマン、そして『組織は戦略に従う』（二〇〇四年）などの著作で著名な経営学者アルフレッド・チャンドラー、さらには『競争の戦略』（一九八〇年）という著作で著名な、経営学者マイケル・ポーター等である。

『ビジョナリー・カンパニー』は、先駆的で卓越した業績を実現し、他社からも尊敬を集め、時代を象徴する企業のことをビジョナリー・カンパニーと称し、それに合致する企業の経営を明らかにした著作である。また『エクセレントカンパニー』も同様、当時優良企業とみなしたアメリカを代表する企業の経営を調査分析し、そこに共通する経営学を八つにまとめた著作である。

『組織は戦略に従う』も、当時アメリカを代表するトップ企業四社の詳細な戦略と組織について明らかにした著作である。そして『競争の戦略』も同様に、他社との競争優位の戦略を「コストリーダーシップ戦略」「差別化戦略」そして「集中戦略」の三つに分類し、その進め方を明らかにした書である。

このように、およそ一二〇年前より研究されてきた近代経営学は、企業の目的・使命、つまり「そもそも論」「あり方」を追求し、その科学化を試みることはほとんどなく、経営の「やり方・進め方」を科学化することからスタートしたのである。そして、今なお、それが経営学の中核なのである。

2 ドラッカーやミンツバーグが提起した経営学

もとより、この間「そもそも論」「あり方」を問うた、研究者や経営コンサルタントがいなかったわけではない。その代表格はピーター・F・ドラッカー（一九〇九年～二〇〇五年）や、カナダ・マギル大学デソーテル経営大学院のヘンリー・ミンツバーグ（一九三九年～）等であろう。

ドラッカーは、日本では知らない経営者はおそらく一人もいないと思われるほど、著名かつ評価が高い学者であり思想家である。

『現代の経営』『経営者の条件』そして『マネジメント』といった数多くの名著を執筆しており、今なお多くの人に愛読されている。

ドラッカーの特長は、一貫して、効果・効率や手段のため経営学ではなく、「企業とは」とか「経営者とは」といった、「そもそも論」を明確に示してくれているところである。

ドラッカーを称し「経営学の父」とか「経営学を発明した人」といわれる所以が、ここにある。

ドラッカーの提起した「そもそも論」「あり方」に関する経営学は、日本はもとより欧米の多くの企業経営者に多大な影響を与え、とりわけ産業界から高い評価を受けた。日本の企業経営者に最も影響を与えた経営学者といっても過言ではない。もとより筆者もドラッカーから多くの学びをいただき、触発された一人である。

しかしながら、残念であるが、ドラッカーの提起した、あり方重視の経営学が、産業界の実際の経営の中で、さらには学問の世界で、どれほど重視され、実践され、教えられてきたかというと、はなはだ疑問である。

というのは、もしも大学やビジネススクール等で、ドラッカーの提起した経営学が、十分教えられ、また多くの経営者が、ドラッカーのいう、戦略や手段ではなく目的重視の経営を愚直一途に実践し続けてくれたならば、近年頻繁に発生している企業不祥事等は起きないはずである。また、誰かを犠牲にするような企業、誰かの犠牲の上に成り立っているような企業は、市場メカニズムによって必ずや淘汰されているはずである。

残念ながらそうなっていない理由は、さまざまであるが、最も多いのは、ドラッカーの提起する経営学は「科学化」つまり、一般概念化ができないからという言い訳である。しかしながら、それは誤解である。

というのは、ドラッカーが提起してくれた経営学は、現場こそを重視し、知り尽くした研究者や経営コンサルタント、さらには、「問題は外」等とは言わず、正しい経営をブレず、実行している企業経営者にとっては、十分すぎる程共感できる、実行できる普遍の経営学と思えるからである。

もう一つの理由は、経営者の多くがドラッカー経営学を高く評価し共感しているにもかかわらず、これを理想論と受け止め、依然、短期の業績をことさら重視した経営を行っているからである。

次に、ヘンリー・ミンツバーグである。彼は組織戦略論の大家として著名であるが、戦略や数字を重視する経営学に疑問を呈する異端の研究者の代表格である。

そのことは、ミンツバーグの著作『MBAが会社を滅ぼす』でもよくわかる。

研究者としてドラッカーやミンツバーグは、手段を重視する経営学から目的を重視する経営学を真正面から提起したことは事実である。

しかしながら、二人が提起した経営学は、企業の本質・経営の本質に迫るものであるが、企業とは「関係する人々を幸せにする場所」、企業経営とは「関係する人々を幸せにするための活動」と明言したわけではない。

その意味では、本書の主題である「人を幸せにするための経営学」「人のための経営学」の深化・発展がいままさに問われているといえる。

3 マネジメントの目的を問うた先人たち

主としてアメリカの研究者やコンサルタント等により、およそ一二〇年前から科学としての経営学が誕生し、これまで発展してきた。しかしながら、そこでの経営学は、ドラッカーなどを別にすれば、大半は企業のあり方とか、経営のあり方といった、そもそも論ではなく、いかに人や組織の効果・効率、生産性を高めるかといった、手段や経営戦略に関する経営学が大半であった。

こうした中にあって、企業や経営のあり方、経営者のあり方といった、そもそも論に着目し、行動に移した人も、世界には少なからずいた。

しかしながら、その多くは研究者や経営コンサルタントといった、専門家ではなく、当時の経営者や指導者等であった。

日本で言えば、その代表格は、二宮尊徳（一七八七年〜一八五六年）や、渋沢栄一（一八四〇年〜一九三一年）、そして、出光佐三（一八八五年〜一九八一年）等である。

二宮尊徳は、江戸時代後期に活躍した農業指導者であり思想家である。困窮した六〇〇以上の農村を復興している。「私利私欲に走るのではなく、社会に貢献すれば、いずれ自らに還元される」という、報徳の思想を問うた指導者としても、とみに著名である。

二宮尊徳は、数々の名言を残しているが、その大半は今の時代にも当てはまる。とりわけ著名であり、筆者も好んで使う名言をいくつか取り上げる。

「道徳なき経済は犯罪であり、経済なき道徳は寝言である」や「遠くをはかるものは富み、近くをはかる者は貧す」。このほか「積小為大」「たらいの水」そして「心田を耕す」等も現代の経営者をはじめ、全ての関係者が常に心すべき名言である。

その意味を少し説明すると、「積小為大」とは「ちりも積もれば山となる」「千里の道も一歩から」という意味の格言である。また「たらいの水」の意味は、たらいに入った水を自分の方に引き寄せようとすると、向こうに逃げていってしまうが、相手にあげようと押しやれば、逆に自分の方に戻ってくる。だから人に譲らなければならないという意味である。そして「心田を耕す」は、あらゆる荒廃は人の心の荒廃から起きる。人間は常に心の田んぼを耕す努力と行動が大切であるという格言である。

渋沢栄一は、第一国立銀行や東京証券取引所、さらには現在の一橋大学など五〇〇もの企業等の設立にかかわった実務家であり、「日本資本主義の父」ともいわれる人である。渋沢栄一も、今日の経営者をはじめとした組織のリーダーが、心すべき数々の名言を残してくれている。

例えば、「論語とソロバンというかけ離れたものを、一つにするということが、最も重要なのだ」や、「できるだけ多くの人にできるだけ多くの幸福を与えるように行動するのが我々の義務である」そして「富をなす根源は、何かと言えば、仁義道徳、正しい道理の富でなければ、その富は完全に永続することができぬ」。

さらには「目的には理想が伴わなければならない。その理想を実現するのが人の務めである」等である。

最後に出光佐三。出光佐三は石油販売の出光興産の創業者である。定かではないが、その言動から見て、若かりし頃から、上述した渋沢栄一や、江戸末期から明治にかけ、近江地方の商人達の言動が語源と言われている「三方良し」といった、経営の考え方・進め方に少なからず影響を受けたのではないかと思われる。

出光佐三の経営の思想と実践は、筆者らがかねてより提唱している「人を幸せにする経営」「人が幸せを実感する経営」そのものといえる。

その著『人間尊重五十年』（一九六二年）や『働く人の資本主義』（一九六九年）そして、『日本人に帰れ』（一九七一年）で出光佐三が何を大切にした経営を実践してきたかを、良く知ることができる。

今から一〇〇年前から「社員は家族」と明言し、リストラ無しの経営を愚直一途に行ってきた経営者としてとみに著名である。

余談であるが、出光佐三に憧れ、出光興産に新規学卒で入社し、退職した今は、中小企業の経営コンサルタントをしている方が、筆者がプログラム長を務める千葉商科大学大学院と人を大切にする経営学会が共同開講している「中小企業人本経営（ＥＭＢＡ）プログラム一年コース」に、数年前入学をしてきた。

「先生の著作は多く読み、講演も何回も聞いていますが、先生の経営学は出光佐三の経営学とそっくりです。お会いし議論されたことがあるのですか…」と聞かれた。もとより、残念ながら一度もお会いしたことはないし、代表作すら読んでいなかったのである。

ともあれ、近年、こうした偉大な先人達が、時代の変化もあり再評価され、スポットライトが当たりだしてきている。

時代はいよいよ筆者らが待ち望んだ「人間尊重の時代」「五方良し経営の時代」に突入しているということもあり、着実に、人を大切にする、人が幸せを実感するいい企業が増加してきているといえる。

とは言え、その多くは中堅・中小企業であり、範を垂れなければならない大企業の取り組みは総じて不十分である。

ともあれ筆者らが「人間尊重の経営学」「人を幸せにする経営学」を提起するはるか以前から、そうした経営を実践してくれている企業が少なからずあるのである。一九四八年創業のカバンの協和（東京都）もそうである。ちなみに同社の経営理念は「会社は協和で働くすべての従業員のためにあり、その人たちの幸福度を高めることが第一目的である」である。

また、一九五八年設立の寒天メーカー伊那食品工業（長野県）もそうである。同社の経営理念は「会社の目的は社員の幸せを通して社会に貢献する」である。

さらに言えば、一八七五年創業の天彦産業（大阪府）の経営理念は、明文化は現社長の代であるが、「社員第一主義」である。

大企業の代表格は、一九五九年創業で、今や世界的企業にまで成長発展した京セラである。その経営理念は「全従業員の物心両面の幸せを追求すると同時に、人類社会の進歩発展に貢献すること」とある。

これら企業の創業者は、企業経営の目的・使命は業績の実現や企業規模の拡大などではなく、関わる人々、とりわけ社員の幸せと明言してスタートしているのである。

4 ジョンソン・エンド・ジョンソンの「我が信条」

こうした企業経営の目的を問い、その目的こそを最も大切に企業経営をしてきたのは何も日本特有の経営スタイルではない。決して多くはないが、世界各国で共通してみられる。

筆者がこれまで訪問調査した中国や台湾、さらにはタイやベトナムの企業等、海外でも共通して見られた。

それればかりか、これらの国々では急速に増加しているといっても過言ではない。ここでは多くを述べることができないので、一社だけ紹介する。

その企業は、アメリカのヘルスケアメーカー、ジョンソン・エンド・ジョンソンである。同社は一八八七年に創業したアメリカでは数少ない一〇〇年企業の一社である。

同社が、創業以来、いかに企業の本質・経営の本質を重視し、人重視の経営を実践してきたかは著名である。その原点は、同社の存在目的・使命を示した経営理念、同社で言えば、「我が信条」（アワー・クレド）である。

この文書は、一九四三年、三代目の社長であるロバート・ウッド・ジョンソンＪｒによって、創業以来、先輩たちが大切にしてきたものを文書化したものである。

その意味で言えば、起草されたのは今から八〇年前であるが、こうした考えで経営をスタートさせたのは、なんと、今から一三〇年以上前からなのである。

筆者も仕事柄多くの経営理念を読むことがあるが、正直その代表格である。しかも今から一三〇年以上前に実質策定されたとは到底思えないほどの内容なのである。

その全文は千代田区にある日本法人の玄関ロビーの壁に高らかに掲げられている。そこには以下のように書かれている。

「我々の第一の責任は、我々の製品およびサービスを使用してくれる患者、医師、看護師、そして母親、父親をはじめとする、すべての顧客に対するものであると確信する。

顧客一人ひとりのニーズに応えるにあたり、我々の行う全ての活動は、質的に高い水準のものでなければならない。

我々は価値を共有し、製品原価を引き下げ、適正な価格を維持するよう常に努力をしなければならない。顧客からの注文には、迅速、かつ正確に応えなければならない。我々のビジネスパートナーには、適正な利益を上げる機会を提供しなければならない。

我々の第二の責任は、世界中で共に働く全社員に対するものである。社員一人ひとりが個人として尊重され、受け入れられる職場環境を提供しなければならない。社員の多様性と尊厳が尊重され、その価値が認められなければならない。

社員は安心して仕事に従事できなければならず、仕事を通して目的意識と達成感を得られなければならない。待遇は公正かつ適切でなければならず、働く環境は清潔で、整理整頓され、かつ安全でなければならない。

社員の健康と幸福を支援し、社員が家族に対する責任および個人としての責任を果たすことができるよう、配慮しなければならない。

社員の提案、苦情が自由にできる環境でなければならない。能力のある人々には、雇用、能力開発および昇進の機会が平等に与えられなければならない。我々は卓越した能力を持つリーダーを任命しなければならない。そして、その行動は公正、かつ道義にかなったものでなければならない。

我々の第三の責任は、我々が生活し、働いている地域社会、さらには全世界の共同社会に対するものである。

世界中のより多くの場所で、ヘルスケアを身近で充実したものにし、人々がより健康でいられるよう支援しなければならない。

我々は良き市民として、有益な社会事業および福祉に貢献し、健康の増進、教育の改善に寄与し、適切な租税を負担しなければならない。我々が使用する施設を常に良好な状態に保ち、環境と資源の保護に努めなければならない。

我々の第四の、そして最後の責任は、会社の株主に対するものである。事業は健全な利益を生まなければならない。我々は新しい考えを試みなければならない。研究開発は継続され、革新的な企画は開発され、将来に向けた投資がなされ、失敗は償わなければならない。

新しい設備を購入し、新しい施設を整備し、新しい製品を市場に導入しなければならない。逆境の時に備えて蓄積を行わなければならない。これらすべての原則が実行されてはじめて、株主は正当な報酬を享受することができるものと確信する」

余談ではあるが、一九四三年にはじめてこれを取締役会で発表した時には、「この文章の中に書かれている考え方が、会社の経営理念である」と説明したのに続けて、「これに賛同できない人は他社で働いてくれて構わない…」と、断言している。

その折、他の役員からは「株式公開企業になるのだから、株主を最後にするのはおかしい…」といった意見もあったが、ジョンソンJrは「顧客第一で考え行動し、残りの責任を、この順序通り果たしていけば、株主への責任は、おのずと果たせるというのが、正しいビジネス論理なのだ…」と説明したという。

さらに、「この文書の文言は、時代の流れや会社発展に合わせて修正してよい。新しい経営理念を導入しても良い…」と柔軟性を見せる一方で、「しかし、基本哲学・思想は不変のはずだ…」と、この信条への確信を述べている。

5 企業は誰のものか

「企業は誰のものか」という問いに対し、「株主や出資者のもの」「経営者のもの」、あるいは「経営者と社員のもの」という答えが一般的である。しかしながら、筆者はそう思わない。そうした見方・考え方は間違いであり、こうした企業観・経営観こそが、多くの人々を不幸にしている張本人である。

あえて、その答えを言うならば、株主や出資者といった誰かのものではなく、「社員や取引先、顧客、さらには地域住民を含む、その企業に関わるすべての人々のもの」、つまり「社会皆のもの」という見方・考え方が正しいのである。

その理由は簡単である。株主や出資者、さらには経営者がいなければ、企業は誕生もしないし、存続もできないが、とはいえ、社員や顧客、さらには取引先、仕入先がなければ、その活動は一日たりとも成り立たないからである。

さらに言えば、どのような形態の企業であろうが、企業は、必ず社会の支援を受けることで、事業が存続しているからである。それは、どんな企業でも道路や橋など公共交通網を利活用しているし、上水道や下水道、電気やガス、水など、企業活動に必要不可欠なエネルギーや社会の循環システムも利活用している。加えて言えば、企業や個人の生命や財産を日夜守ってくれている警察や消防、病院などにも直接・間接、お世話になっている。

これらの機関が存在していなければ、企業は一日たりとも、安全・安心を担保された事業活動はできない。

つまり、企業はこうした関係者や公共財に支援され、守られ、存続できているのである。けっして自分の力だけで生きているわけではないのである。

こうして見れば、企業が株主や出資者、経営者など企業を構成する一部の人のものではなく、社会皆のものと考えるのが正論である。

国や都道府県をはじめとした行政機関や公的支援機関が、政策面はもとより税制面、金融面、技術開発面、経営面など、さまざまな面で企業を支援しているのも、企業を誰かのものではなく、社会のものと見ているからである。

しかし、この基本的なことを十分理解していない株主や出資者、経営者、さらには労働組合が、残念ながら多いというのが実際である。例えば不況や為替レートの大幅な変動などにより業績が落ちると、当然のように社員をリストラしたり、縁の下の力持ち的な存在である仕入先や協力企業などに大幅なコストダウンを求めるなど、理不尽な取引を強要する企業も依然多い。

あるいは一時の企業の業績や自分自身の評価を高めたいために、情報の少ない顧客に対し、企業や担当者の業績向上にとって都合のよい商品を、まことしやかに語り、売りつける企業や担当者も依然多い。

日常的なところでは、週末、経営者の家族が家族団欒の一環として食事したレストランの領収書の宛名を会社名にしたり、他に優秀な人財がいるにもかかわらず、身内優先の人事を平然と行う経営者も依然、後を絶たない。

こうした私物化経営・公私混同経営を顧客はもとより、社員をはじめとした関係者が評価するはずがない。どんなに高い技術や商品を有したとしても、「企業は社会皆のもの」という根本原則を忘れ、社会の公器としての使命や責任を疎か、ないがしろにしている企業は結局、潰れていくのである。

なぜならば、社会通念に反した企業の言動は、時間が経つにつれ、つじつまが合わなくなり、それに気づいた社員や市場が、しだいにその企業に見切りをつけ始めるからである。

それもそのはず、その企業で誠実に働いている社員は、誰よりもその企業の本当の姿を知っているからである。誠実に働いている社員は、自分たちが勤めている企業の、社会に反するような言動を、けっして認めることができないのである。

欺瞞に満ち満ちた、いい加減な経営をしていると、離職する誠実な社員が続出し、その事業活動はストップしてしまうのである。

こうした行動は顧客も同様である。

その意味では、「企業経営とは何か」という問いは、企業の経営戦略の立案や実施よりも、はるかに重要かつ大切なことなのである。もっとはっきり言えば、経営戦略や経営管理などではなく、「企業は誰のものか」という考え方・見方こそが、企業の盛衰を決定づけているのである。

6 マネジメントの目的・使命

企業経営の目的・使命を、企業を成長発展させることや、企業の業績を高めること、さらにはライバル企業に勝利することと捉えている関係者が多い。しかしながら、こうした経営の見方・考え方は間違っている。

こうした経営への見方・考え方には、「何のために企業を成長発展させなければならないか」とか「何のために企業の業績を高めなければならないか」といった、「そもそも論」が決定的に欠落してしまっているからである。

企業の成長発展や業績向上、ライバル企業との勝ち負けなどは、企業経営の目的ではなく、経営目的を正しく果たすための手段であり、またその結果に過ぎないのである。手段であり、また結果である成長や業績、企業間の勝ち負けを目的化し、追求すれば、企業経営はどうなるのか。答えは簡単である。

そうした経営は、社員や仕入先、協力企業など、かけがえのない経営資源を、コストや材料と評価してしまうばかりか、企業の成長を決定する、顧客を目的達成の対象や手段と考えるようになってしまうのである。

さらに言えば、企業経営に直接・間接問わず、目に見える効果・見返りがあることには積極的に関与するものの、それが見えない、期待できないことには無関心となってしまうのである。つまり、目的を実行するための手段や結果を追い求めれば、必ず誰かを不幸にしてしまうのである。

しからば、企業の真の目的・使命は何なのか。結論を先に言えば、それは「企業に関係するすべての人々の永遠の幸せの追求、実現」である。それは言うまでもなく私たちは、仲間とともに、幸せな人生を送ることが生きる目的であり、夢だからである。

こう言うと、業績を高めなければ、関係する人々の幸せが実現できないのだから、やはり業績こそが最重要と考え、行動する経営者や企業関係者が、残念ながら、いまだ多く見られる。筆者はそのつど、「貴社は何のために、誰のために業績を高めなければならないのですか?」と、あえて聞くことにしている。

手段や結果ではなく、目的こそを重視した経営の重要性を少し考えてみよう。

周知のように、企業の最大級のコストは、業種業態のいかんを問わず、原材料費または仕入高と人件費の二つである。業績は「売上高―費用」によって示されるので、業績の追求は誰が考えても二つの方法しかない。

一つは売上高を増加させること、もう一つは費用を下げることである。売上高を増加させるためには、市場の拡大や深化、さらには新商品開発や客単価を上げることが必要なことは、当然である。

とはいえ、それは容易なことではない。それもそのはず、市場の物的成熟化や経済社会のボーダレス化、グローバル化の進行も加速しており、また他社もそうしたことをつねに考えているからである。

それゆえ経営者は、自ずと営業や販売を担当する社員には、いっそうの営業努力、販売努力を求めることになる。ひどい場合には、過大なノルマを課すのである。結局、担当者はノルマ達成のために無理することになり、心身ともに疲弊してしまうのである。

それればかりか、企業や担当者は、企業や自身の業績を高めるため、顧客ではなく、企業や担当者にとって都合のよい売り方をすることにもなる。こんなことをされたら、やがて顧客はその企業や担当者を見限り、愛想を尽かすことは当然である。

いつぞや筆者のもとに次のようなメールが届いた。

「〇〇と申します。自分は都内に本社のある東証一部上場会社である大手機械メーカーに勤務する営業マンです。自分が担当している商品はA・B・Cという3種類の機械です。Aが最も高額機械で、Bがその次、そしてCは最も低価格な商品です。

Cはワンストップメーカーを標榜しているので、カタログにはありますが、ほとんど利益がなく、会社としては正直あまり売りたくない商品です。

会社の方針も、また直属の上司の指示も、最も会社に利益をもたらすAという高額機械の販売です。しかしながら、お客様の工場を見せていただき、その生産品目や職場環境、さらには働いている社員の年齢などを考えると、AよりはBのほうがよいのではと、思うことが少なからずあります。

それどころか、経営者や社員の高齢化が著しく、後継者がいないことを知ると、一〇年とか二〇年償却の高額商品の提案は、その経営者の老後の生活を逆に苦しめてしまうことにもなりかねないので、価格の安いCの商品のほうがよいのではないかと、思うこともときどきあります。

さらに言えば、顧客の状況によっては、ライバル企業の生産・販売しているDという商品のほうが、逆によいのではないか、と思ってしまうこともあります。

しかしながら、会社に利益をほとんどもたらさないCを、いくら販売しても上司には評価されませんし、ましてやライバル企業の商品を紹介したことがばれたなら、会社での席がなくなってしまいます。私にも私の給料に期待し生活をしている家族がいます。

それでいつもいつも、口八丁・手八丁にAの良さのみを、ていねいに説明し、Aを販売してきました。しかしながら、商談が成立した帰りの車や電車の中で、また今日も大切なお客様に、ウソをついてしまった…と、胸を締め付けられるようになることが、ときどきあります。

もう、ウソを言うことに身も心も疲れ果ててしまいました。私の仕事への取り組み姿勢は間違っているのでしょうか…。アドバイスをしてください…」という内容であった。

私はこのメールを読みながら、正直、いまだこんないいかげんなことを、平気で大切なメンバーに指示する会社があるのか、上司がいるのか…と、怒りさえ覚えた。

企業の営業マンの最大・最高使命は商品を販売することでも、それを競うことでもなく、「目の前にいるお客様にとっていちばんいいと思うことをトコトンする」ということを、まったくわかっていないのである。そして誠実に生きようとしている顧客や仲間（部下）を、逆に苦しめてしまっているのである。

一方、売上高の増加があまり見込めない場合は、企業はもう一つの業績向上の手段である、費用の削減に注力することになる。

具体的に言えば、本来ならば正社員がやるべき仕事を非正規社員にさせたり、三人でやるほうが安全・安心面から考えてよいと思われる仕事を二人にさせたり、あるいは、長時間残業や違法なサービス残業をさせたりするのである。一方で仕入先や協力企業に対しては、一方的かつ大幅なコストダウンを強要するのである。

こんなことをされたら、社員はもとより、仕入先や協力企業のモチベーションは上がるどころか、下がるのは目に見えている。そして、社員のモチベーションが下がれば、その企業の業績が下がってしまうのは当然なのである。

7 企業が保有すべき三つの機能

企業という名が付く限り、企業として本来、保有すべき「垂直」の機能は三つある。これは、その企業が大企業であれ、中小企業であれ、また第一次産業であれ、第二次産業であれ、あるいは第三次産業であれ、例外はない。

その一つは創造機能、もしくは研究開発機能である。つまり新しい価値を自らの力で創造する力である。二つ目は、生産及び調達機能である。つまり良質で適性価格の商品やサービスを自らが生産、または最適企業から調達する力である。そして三つ目は間接販売機能ではなく、直接販売機能である。つまり開発・仕入れ・生産した商品を、他社に販売してもらうのではなく、自社が直接ユーザーに対して販売する力である。もとより間接販売も重要である。しかしそれはあくまでその方が、顧客にとって都合の良いケースである。

企業は本来、この三つの機能を保有すべきであり、それが企業の企業たる所以である。しかしながら、多くの企業は、この三つの機能を保有していない。多くの企業は三つの機能のうち、わずか一つの機能しか保有していない。このことが、近年のわが国企業の最大の問題である。

例えば農業分野の場合、その大半は農産品の生産機能だけであり、その前工程である創造機能、いわゆる新しい作物等の研究開発機能は、まったくと言っていいほど保有しておらず、農協や国公立の農業試験研究機関あるいは商社等に依存しているのが実態である。また農産品の販売においても、大半は農協や流通産業におんぶに抱っこしているのが実態である。

こうしたことは、製造業とて同様である。わが国の大半の製造業は、大手ブランドメーカーの販売する製品やその製品を構成する一部の部品を生産する、いわゆる下請的企業である。生産された製品は、品質面や納期面で問題がない限り、まるでベルトコンベアに乗った製品のように発注者に納入されるので、当然ながら独自の商品も独自の販売チャネルも保有していない。

つまり多くの製造業は、三つの機能の中で、真ん中の生産機能しか保有していないのである。生産機能しか保有していなくても、企業が存在価値を認められるのは、右肩上がりの市場経済が大前提である。つまり作れば売れる、供給不足の時代においてである。加えて言えば、アジア諸国をはじめとした他国との国際分業が十分形成されていない、また他国ではその役割が困難な「ボーダーの時代」である。

「右肩上がり」「ボーダー」といった日本経済の基礎的前提が崩壊・終焉した今日、また一方では、メーカー間の戦略的な開発連携や生産連携、さらには部品の共通化や共有化が進行する近年、真ん中の生産機能の保有だけでは、その生存が困難になるのは当然なのである。

事実、今から四〇年前の一九八三年当時、わが国には七八万もの工場数があったが、二〇一八年では三六万に激減してしまっている。わずか三五年で四二万もの工場が消滅してしまったのである。あえていえば、その根本原因は外的要因ではなく、製造業自身の三つの機能の不足にあったと言える。

こうしたことは小売業など、流通業でも同様である。わが国小売業の大半は、メーカーや卸売業（問屋）等から商品を仕入れて、それを販売している。なかには創造機能や生産機能、さらには独自の調達機能を保有し、ＰＢ（プライベートブランド）あるいはＳＢ（ストアブランド）商品を保有している小売業もあるが、それは極めて少数派である。

その結果、生産者とその商品に関する独占的契約でもしない限りは、当然のことながら、どこのお店にでも販売されているような商品を販売することになる。当然、品質や鮮度がよほど違わなければ、多くの顧客は価格や品揃え、あるいは広い駐車場の有無などの魅力を評価し、購入先を決定する。

大量仕入れ・大量販売を得意とする大手流通企業と競合したならば、規模の小さな小売業が、価格面や品揃え面で太刀打ちできないのは当然なのである。

わが国の小売業は今から四〇年前の一九八二年当時、一七二万を数えていたが、二〇一六年では九九万となっており、先に述べた製造業同様、過去三四年間で七三万社が消滅してしまっている。その多くは、第三の機能である直販力しか保有していない小売業なのである。

逆に、この間成長発展している企業は、例外なくオンリーワン的商品を扱っていたり、直接・間接はともかく、創造機能やサービス機能を有しているのである。

正に製造業的小売業・小売業的製造業・製造業的サービス業・サービス業的製造業といったタイプの企業なのである。自分が考えたものを、自分で作り、自分で売る。この三つの力の保有こそ、業種・業態や規模を問わず、本来の企業のあるべき姿なのである。もとより、機能の一部を外部経済に依頼し、連携するのもよい。しかし、それはあくまでも自社でその機能を保有しているが、顧客がそれを望む場合のみである。

8
規模のマネジメント

法的定義や心情的解釈はともかくとして、クールに生活者の視点に立脚し、評価をすれば、中小企業とは、たんに大企業に対する物的比較概念に過ぎない。もっとはっきり言えば、この世に大企業たる企業体が存在しなければ、当然のことながら、中小企業という名の企業体も存在しないということになる。

事実、「中小企業」という表現が、わが国において使用されるようになったのは、大企業の存在が多数認められるようになった第二次世界大戦中である。そして一般化するのは、戦後である。

また中小企業という呼称は、たんなる静態的・時間的概念でもある。つまり、ある時点で見れば中小企業であった企業が、何年か後に大企業という名の企業体に成長・発展しているケースがこれだ。もちろん逆、つまり大企業が中小企業になってしまう場合も、当然あり得る。

その意味で言えば、企業を大企業と中小企業とに区分をしなければならない歴史的、絶対的、必然性があるわけではないと言える。また区分そのものにも、それほど重要な意味があるわけでもない。もっとはっきり言えば、この区分は産業政策や租税政策など、政策遂行上の都合から、便宜的に区分しているに過ぎないのである。

このことは、国民経済の主役である生活者の側に立脚し考えてみればよくわかる。自分が消費・購買しようとする商品の提供者が、良質で適正価格の商品を提供してくれるのであれば、それが大企業であろうが中小企業であろうが、もっとはっきり言えば、輸入品であろうが、ちっとも構わないからである。

こう言うと「中小企業を軽視するのか」とか「何をいまさら」などと、関係者から反発を受けそうである。しかしながら、じつはこのごく当たり前の原理・原則は、これからの時代、わが国企業が、自身の新しい存立条件をどう形成していくか考えるうえで、極めて重要と言える。

なぜ社会に、大企業と中小企業が存在するのか。それは、両者とも社会が必要としているからである。両者の最大の違いは、規模の違いではなく、その持つ役割の違いなのである。

つまり、大企業は、大きな資本を必要とする、また大きな資本が有利に働く市場の創造やそれへの対応が、その持つべき使命と役割である。一方、中小企業は、小さな資本が有利に働く市場の創造や対応が、求められる使命と役割と言える。

あえて乱暴に言うと、大企業は海の魚、中小企業は川の魚と言ってもよい。あるいは、両者とも海の魚としたならば、大企業は深みで泳ぐ、言わば鯨のようなもの、中小企業は浅瀬で泳ぐ、言わばボラのような魚と言ってもよい。

つまり大企業が、上でも強いのでも、また、中小企業が、下でも弱いのでもないのである。さらに言えば、大企業が成長企業で、中小企業が衰退企業でもないのである。両者は生きる世界が、まったく違うのである。

しかしながら、この生存条件を守らない中小企業が、わが国にはあまりにも多いのである。その結果、製造業・非製造業を問わず大企業の下請けという道を選び、結果として過当競争に陥っているのである。

最大の問題は中小企業自身が、自分たちの存立基盤や強みを理解していない点である。大企業がやらない、やりたくない面倒なビジネスこそが、中小企業こそ担うべき分野である。しかしながら、こうしたビジネスを嫌がる中小企業が圧倒的に多いのである。ここに中小企業問題の本質があると言える。

さらに言えば、多くのビジネススクールの経営学教育の問題も大きい。わが国の九九・七％が中小企業であるが、そこで教えられている内容の大半は、大企業向けの経営学なのである。

すでに述べたように、大企業と中小企業は生きる世界が異なるので、当然その経営学は大きく異なる。それゆえ大学院ビジネススクールや経営学研究科、さらには大学の経営学部などで学んだ社会人学生や学部学生が、このことを知らず、中小企業経営をしたところで、うまくいかないのは当然なのである。また大企業の経営者や管理職が中小企業に請われ、経営者や幹部になっても、大半はうまくいかない理由もそこにこそあるのである。

たとえは少し悪いが、それはこれからアメリカで生活しようとする人が、中国語を学ぼうとするようなものである。しかしながら、人々が中小企業経営を深く体系的に学ぼうとしても、それを教え学ぶことができる大学院や大学が、わが国にはほとんど存在しないのである。

ここにこそ、中小企業専門の経営学を教え、学ぶことのできるビジネススクールや大学院経営学研究科、さらには大学での中小企業経営学部が切望される所以がある。

9 「ビジネス・ラウンド・テーブル」の声明文

経営学が、いわゆる科学として一定の評価を受けるようになったのは、諸説はあるが、フレデリック・W・テーラーの「科学的管理法」以降である。

しかしながら、そこでの経営学は、組織や仕事の効果・効率を高めるための「管理論」が中心であり、また当時の経営目的は、業績の最大化であったといえる。

筆者らが以前より提起している、目的のための手段や、結果であるはずの業績が、当時は企業経営の最大の目的となっていたのである。

そうなってしまった、考えられる要因は多々ある。一つの要因は、工業化社会の本格化に伴い、すでに様々な主体により、動いている事業活動が前提であったこともあり、関係者の多くには、効果・効率を高めるための経営学が必要とされ、期待されたからである。

つまり、企業とは何かとか、企業は何のために存在するのか…といったそもそも論が、十分、議論も研究もされないまま、管理論・手法論としての役割を、経営学が期待されていたからだと思われる。

こうした事業観・経営観に拍車をかけ、その後、多くの経済人の事業活動の理論的支柱となったのが、シカゴ大学のミルトン・フリードマン（一九一二年〜二〇〇六年）である。

フリードマンは、今から五〇年前の一九七〇年、著名な『ニューヨーク・タイムズ』紙への寄稿で、「企業の社会的責任は利益を増やすことにある…」と断言をしたのである。

フリードマンは、当時の経済学界の重鎮であり、しかも、後にノーベル経済学賞の受賞学者（一九七六年）になったということもあり、その影響力は大きかった。

フリードマンが提起した企業の最大・最高の使命・責任は、業績の極大化、株主の期待を最優先することという思想は、資本主義社会の企業経営者の多くに多大な影響を与えた。それ以降、今日までも続く「株主第一主義」を、まさに牽引してきた思想であったといえる。

それから五〇年、この間、「公益資本主義」や「顧客第一主義」あるいは「社員第一主義」さらには「人を幸せにする経営学」等を提起する経営者や研究者は一部いたとはいえ、多くの経営者や研究者は、ノーベル経済学賞受賞者のフリードマンが掲げる「株主のための経営学」を錦の旗に事業活動をしてきたといえる。

フリードマンは社会や経済に影響力のある偉大な経済学者ではあるが、こと企業経営に関していえば「異議あり」と言いたい。日本はもとより、資本主義国のこの五〇年の活力低下の原因の一つは、フリードマンが提起した「株主価値の最大化」という経済思想と、それに同調した経営者にあると思われるからである。

こうした中、数年前より明らかに変化が感じられる。このことは、『ハーバードビジネスレビュー』等経営雑誌（レポート）の特集を見ていてもよくわかるが、より明確なのは、いまだ多数ではないが、先進的な企業経営者や経済団体の言動である。その一つが、「ビジネス・ラウンド・テーブル」の声明文である。

二〇一九年八月一九日、それまでの議論を踏まえ「企業統治に関する声明」と題された公開書簡が発表された。発表者はアメリカを代表する主要企業一八一社の経営者が名を連ねる財界ロビー団体である「ビジネス・ラウンド・テーブル」である。

主たる内容は、それまで企業経営の原則、拠り所としてきた「株主資本主義」との決別を宣言し、「企業が責任を負うべきは、顧客・従業員・サプライヤー・コミュニティー、そして株主の五者であり、株主はその一つに過ぎない。企業は、これら五者の利益により配慮し、長期的な企業価値の向上に取り組むべきだ…」とまで言い切ったのである。

この声明文は、長年、企業の意思決定の指針となってきたフリードマン的企業観・経営観を公然と批判したものであり、関係者の間では衝撃が走った。

一方、株主資本主義や業績第一主義の企業経営を以前から、厳しく批判し続けている研究者や、すでにそうした経営とは決別し「人の幸せのための経営」「社員第一主義経営」を実践している多くの企業経営者は、「ようやくですね…」と、高い評価を受けた。

余談であるが、ビジネス・ラウンド・テーブルが宣言した「五者の利益のための経営」は、筆者がかねてより提唱している「五方良しの経営」と第一と第二の順番が異なるだけで、ほぼ同じ内容である。こうしたこともあり、親しい多くの経営者からは、ビジネス・ラウンド・テーブルの草案づくりのお手伝いをしたのかと、聞かれたほどである。

さて現在、ビジネス・ラウンド・テーブルの宣言からおよそ一年半が経過している。しかしこの間、当のアメリカでは研究者や一部の大手経営者等から批判的な論調があるくらいで、わが国においても、学会や経済団体等から、このことに関する議論がほとんどない。

こうしたこともあり、せっかく資本主義社会のリーダーたちが、株主資本主義・株主至上主義との決別を問うたにもかかわらず、その後の動きが鈍いばかりか、広がりが弱い感じがしてならない。

その理由の一つは、最も経営者や研究者に告知力の強い新聞やテレビ、さらには雑誌等が、事の重大性をわかっているのか、わかっていないのかはともかく、ほとんど取り上げ論評をしなかったからである。

唯一、『日本経済新聞』が夕刊と、翌日の朝刊（小さな囲み記事）で報じたが、論評は、残念ながら、極めて不十分どころか、読者に誤解を招くような内容であった。

筆者に言わせれば、報道したくても報道できない事情が報道機関側にもあることも大きい。もっとはっきり言えば、その広告主の多くは、株主重視の経営を行う大企業であり、そうした企業を真正面から批判するような、まともな報道ができなかったのかもしれない。

また、経営学を研究し教えている多くの研究者にとっても、ビジネス・ラウンド・テーブルの声明文は、自分たちが信奉している経営学そのものを、根底から否定してしまう内容だったのかも知れない。

加えて言えば、業績至上主義・株主第一主義を、錦の旗にした経営者にとっては、その内容は都合が悪かったのかもしれない。

10

日本でいちばん大切にしたい会社大賞

しかしながら、あえて言いたい。時代は変わったのである。にもかかわらず、色褪せた、化石のようになってしまった、経営学を残そう、守ろうとすればするほど、その企業はもとより、一国の持続的成長は困難なのである。

ともあれ、この声明文が、他でもない資本主義社会の代表国家であるアメリカ、しかもアメリカを代表する財界リーダーたちから宣言された効果は、はかり知れない。

マスコミや経済団体、さらには学会の受け止め方やその後の対応がどうであれ、こうした考え方に基づく経営は、先進的企業の間では、かなり以前から実践されている。

こうした企業の存在は、わが国はもとより、筆者が時々訪問している中国や台湾、そしてベトナムやタイといった国々においても同様である。

数年前に訪問した中国のメーカーや、台湾の外食産業、さらにはタイのメーカーは、いずれも、その分野では著名な大企業であったが、わが国でもめったにお目にかかることのない見事な「五方良しの経営」が実践されていた。

とりわけ驚かされたのは、トイレや社員食堂、さらには福利厚生施設で、いずれの企業も一流ホテル並みであった。そればかりか、残業もほとんどなく、離職する社員もほとんどいなかった。もとより、これら企業の業績はいずれも抜群であった。

余談であるが、毎月、海外とりわけ中国各地から経営者団体が筆者を訪ねてくる。目的は筆者の提起している「人を大切にする経営・人が幸せを実感する経営」の学びと、「人を大切にした経営の実践企業の視察」である。

驚くことは、その後の参加者からの感想文である。多くの参加者の手紙に、「自分の経営は間違っていなかった…」とか「周りの同業者からは、あなたの経営の考え方・進め方はおかしいと言われ続け、悩むことも多かったですが、今日は背中を押していただきました…」等と書かれていた。

先日は著名な紹興酒のメーカーの社長が、再び話を聞きに来た。聞くと「今回は後継者である息子を連れてきました。先生の話を直接聞いてほしかったからです…」と言ってくれた。

ともあれ、人を大切・人を幸せにする経営学はゆっくりではあるが着実に市場に浸透してきているといえる。

筆者もその提唱者の一人として、近年、仲間と一緒に様々な取り組みをしている。

二〇〇八年には、いい企業を世に広めるために『日本でいちばん大切にしたい会社』という書物を世に問うた。余談であるが、この本はその後シリーズ化され、現在ではその七まで出版され、累計では七〇万部以上となっている。

また、二〇一〇年には、人を大切にする企業の顕彰と、その増加に資するため「日本でいちばん大切にしたい会社大賞」という企業の顕彰制度を創設した。

わが国には、国や地方自治体、さらには諸団体が主催した企業の顕彰制度が多々ある。しかしながら、筆者が親しい仲間と創設した「日本でいちばん大切にしたい会社大賞」という表彰ほど、厳しい賞はないといっても過言ではない。

あえて言えば、「いい企業とはこういう企業である」ということを、応募基準や審査基準、さらには表彰を通じて、関係者に示すためでもあったのである。

ちなみに、その応募基準は六つあり、そのすべてに該当しないと応募すらできないという表彰制度である。六つの応募基準とは、

①過去五年以上、希望退職者を募集していないこと
②過去五年以上、重大な労働災害をおこしていないこと

③過去五年以上、仕入先や協力企業に対し理不尽なことを強要していないこと
④過去五年以上、障がい者雇用は全て法定雇用率を上回っていること
⑤過去五年以上、黒字経営であり、納税責任をきちんと果たしていること
⑥過去五年以上、コンプライアンスを遵守していること

である。そして、二〇一四年には、産業界・学会・行政、さらには医療や福祉の関係機関等により「人を大切にする経営学会」が創設され、業績ではなく人を幸せにするための経営学の深化と普及に取り組んでいる。

さらに、二〇一八年からは、全国初となる「中小企業人本経営（EMBA）プログラム（二〇二〇年度からは千葉商科大学と人を大切にする経営学会の共同開講）を開学し、人を大切にする企業経営者や支援者の育成を図っている。

こうした動きは、今や全国各地で見ることができ、これまで当然のように考えられ、進められてきた株主のための、また業績向上のための経営学は、明らかに創造的に破壊されてきているといっても過言ではない。

第2章

人を幸せにするマネジメント

1 人を幸せにするマネジメントとは

本章のテーマである人を幸せにするマネジメントとは、「人間本位の経営学」あるいは「人間を経営の中軸に据えた経営学」のことである。

もっとはっきり言えば、業績や効果・効率、あるいはライバル企業との勝ち負けを中軸に据えた経営学ではなく、関係する人々の幸せこそを、最優先・最重視する経営学のことである。

人を企業の最大の資本、経営資源ととらえ、その生産性を高める経営を人本経営と論じている関係者もいるが、筆者の提唱する、人を幸せにする経営学は、そうした経営学とは大きく異なる。

筆者の提唱する経営学は、人を「経営のため」、もっとはっきり言えば「企業の業績や効果・効率を高めるため」の手段や資源と見ず、目的と見る経営学である。それは当然である。企業経営の最大の目的・使命は、関係する人々を幸せにすることだからである。

これまでの経営学における「人」は、「ヒト・モノ・カネ」あるいは「人財・技術・情報」など、いわゆる経営の主な三要素の一つとして評価・位置づけされてきた。これに対し、筆者が提唱している人を幸せにする経営学は、モノもカネも技術も、そして情報も、「人」の幸せのための手段や道具と評価・位置づける経営学である。

人を幸せにする経営学において、企業が幸せを追求・実現すべき人とは誰であろうか。答えは「企業に関係するすべての人々」である。しかしながら、これではわかりにくい。あえて絞るなら、とりわけ重要な人は、以下の五人（者）である。

一人目は、社員とその家族。

二人目は、社外社員とその家族。

三人目は、現在顧客と未来顧客。

四人目は、地域住民、とりわけ障がい者や高齢者など社会的弱者。

そして五人目は、出資者ならびに支援機関である。

人を幸せにする経営学では、企業経営の目的・使命は、この五人の永遠の幸せの追求・実現となる。まさに〝五方良し〟の経営学、〝まん丸〟の経営学、〝誰をも犠牲にしない〟経営学である。この五人が程度の差こそあれ、幸せを実感できる経営こそが、求められる正しい経営なのである。

筆者らが提唱するこの「五方良しの経営学」は、以下の五点において、これまでの伝統的経営学とは根本的に異なる。

第一点は、重視すべき順番である。これまでの経営学では、古くは株主第一主義、近年では顧客第一主義と考えるのが一般的である。これに対し、筆者らの提唱する人を幸せにする経営学は「社員第一主義」であり、株主は最下位に位置づけている点である。

第二点は、社員だけでなく社員の家族を社員と同列、つまり第一に大切にすべき存在として明確に位置づけている点である。社員の家族を福利厚生制度を通じて、その幸せを追求・実現するというレベルではなく、社員の家族も企業の仲間、メンバーと評価・位置づけ、社員の家族にとっても「大切な企業」と実感できる経営を求めた点である。

第三点は、これまでコスト・原材料と見てきた仕入先や協力企業を、パートナーどころか「社外社員」つまり社外の正社員と評価・位置づけている点である。これまでの経営学では、仕入先や協力企業については、安ければ安いほどよい、あえて言えば「最大級のコスト」という評価・位置づけであった。

それゆえ、その幸せを追求・実現しなければならない対象ではなかったと言える。しかしながら、筆者らの提唱する経営学では、仕入先や協力企業はコストではなく「目的」と考えている点である。

第四点は、地域住民、とりわけ障がい者や高齢者など社会的弱者を、幸せを追求・実現しなければならない対象と明示した点である。メセナとかフィランソロピーといった地域貢献や社会貢献活動は当然であるが、社会的弱者、とりわけ障がい者や高齢者の雇用責任や、幸せ責任を明確に問うている点である。

そして第五点は、株主・支援機関を最下位に評価・位置づけた点である。株主や出資者はすべてではないが、総じて関心が高いのは企業の業績であり、本書で問うた人を幸せにする経営学では、業績は目的ではなく、手段もしくは結果だからである。もっとはっきり言えば、前述した四人（者）が幸せを実感する経営を行えば、業績はおのずと高まるからである。もとより株主や出資者が存在しなければ、企業そのものが存在しない。その意味で、五人の中では最下位に評価・位置づけた点である。

別の視点で言えば、人を大切にする経営学とは「関係する人々の心からの組織愛を高めるための経営学」である。

余談であるが、いつぞや、韓国の最大企業の幹部から相談を受けた。「なぜ、日本の著名な企業は次から次におかしくなるのですか。いずれの企業も、かつて将来、ああなりたいとベンチマークしてきた企業です。大企業病なのですか、企業は巨大化すると避けて通れないのですか…」といった内容であった。筆者は即座に、次のように述べた。

「それは規模の問題、つまり大企業病なんかではありません。経営学の原理・原則をいっの日からか、忘れてしまったからです。経営学の原理・原則というのは、「いちばん大切にすべきことをいちばん大切にすることです。いちばん大切にすべきを、けっして疎かにしないことです。いちばん大切にすべきことをけっしてないがしろにしないことです。

この世の中でいちばん大切なのは、人間の命と生活です。その命と生活を踏みにじるようなことをすれば、また人間をコストや原材料のように考えた経営をすれば、企業がおかしくなって当然なのです…」と。そしてどうか「いちばん大切にすべきことを、いちばん大切にする経営を行ってください…」と付け加えた。

あえて言えば、近年の拡大する企業間格差にしても、その最大要因は業績追求度ではなく、人の幸せ追求度から生じる格差と言える。

2 人を幸せにするマネジメント、業績を重視するマネジメント

人を幸せにするマネジメントと、業績を重視するマネジメントは真逆である。

それもそのはず、人を幸せにするマネジメントにおいては、人の幸せが目的となるのに

対し、業績を重視するマネジメントの元では、業績が目的となるため、人はそのための手段となってしまうからである。

業績のための手段・道具・コストと評価され、位置付けられた感情のある人間社員が、組織や上司の業績を高めようと努力しないのは当然である。

業績を重視する経営の考え方・進め方と、人を幸せにする経営の考え方・進め方の違いをキーワードで示すと以下のようになる。正に両者は真逆なのである。

さらに言えば、どちらの経営が安定的かつ継続的に好業績を持続しているのかといえば、人を大切にする経営をブレずに実践している企業である。

その意味であえて言えば、いい企業になりたいと思うならば、迷うことなく人を大切にする経営を実践し続けることである。

人より業績を重視した経営を行いながら、いい企業になりたいというのはナンセンスである。今、経営学の世界は、おそらく後世の研究者が名づけるであろう「歴史的転換期」なのである。

時代変化を無視・軽視した企業や経営者の哀れな幕切れは、歴史が十分すぎる程、証明してくれている。まさに今、経営者や幹部社員の本気度・決断力が強く問われている。

業績を重視するマネジメント

①自利経営
②一方良し経営
③損得重視経営
④急成長・急拡大経営
⑤景気・流行期待経営
⑥価格競争経営
⑦成果主義重視経営
⑧長時間残業経営
⑨非正規社員多数経営
⑩低賃金経営
⑪上意下達経営
⑫ワンマン経営
⑬ノルマ経営
⑭個人戦経営
⑮閉鎖経営
⑯ピラミッド型経営

↓

人を幸せにするマネジメント

利他経営
五方良し経営
善悪重視経営
年輪経営
景気・流行超越経営
非価格競争経営
年功序列重視経営
ノー残業経営
正社員多数経営
適正賃金経営
下意上達経営
全員参加経営
目標経営
チーム戦・団体戦経営
開放経営
逆ピラミッド型経営

⑰フル操業経営
⑱中途採用重視経営
⑲短期重視経営
⑳アンバランス経営
㉑他人資本依存経営
㉒外部分配過多経営
㉓管理型経営
㉔業績重視経営
㉕リストラ経営
㉖強者優先経営
㉗企業の都合優先経営
㉘売上重視経営
㉙情報受信重視経営
㉚制度重視経営
㉛法定外福利軽視経営
㉜対応力重視経営
㉝規模重視経営

腹八分経営
新卒重視経営
長期・継続重視経営
バランス経営
自己資本充実経営
利益剰余金充実経営
大家族型経営
幸せ重視経営
雇用維持・拡大経営
弱者優先経営
顧客の都合優先経営
働き甲斐重視経営
情報発信重視経営
風土重視経営
法定外福利重視経営
創造力・提案力重視経営
質重視経営

㉞指値経営
㉟特定企業・市場依存経営
㊱公私混同経営
㊲集権型経営
㊳戦略重視型経営
㊴下請型経営
㊵設備生産性重視経営
㊶少品種大量生産型経営
㊷硬直型経営
㊸マス管理型経営
㊹企業成長重視型経営
㊺生産・販売重視経営
㊻最終ランナー型経営
㊼ローカル経営
㊽教育軽視経営
㊾製造・販売分離経営
㊿社員と株主分離経営

値決め経営
分散型経営
公私区分経営
分権型経営
理念重視型経営
自立型経営
人の生産性重視経営
多品種生産型経営
変化対応型経営
個性尊重型経営
社員成長重視型経営
創造重視経営
中継ぎ型経営
グローカル経営
教育重視経営
製販一体経営
社員株主経営

3

社員とその家族を幸せにするマネジメント

前述したように人を幸せにする経営学においては、「企業経営の最大・最高の使命と責任は、企業に関わるすべての人々の幸せの追求・実現」である。そして、その中で経営者が最も重視しなければならない「人」とは、社員とその家族である。後に述べる顧客の幸せももちろん重要ではあるが、経営者はいつでもどこでも、社員とその家族の幸せを第一に考えた経営を行うことが正しい。

こう言うと「顧客がいちばんではないのか…」、「社員はそこから給料をもらっているのではないか…」などと疑問を持つ関係者がいるかもしれない。しかしながら、そうした考えは間違いである。経営者が顧客や株主より、社員とその家族を重視すべき理由は、二つある。

第一は、顧客満足度の高いサービスや、顧客が喉から手が出るほど欲しい感動的商品を創造・提案するのは、誰でもない社員だからである。

つまり、社員満足度なくして、顧客満足度などあり得ないし、顧客が大切だからこそ、社員はもっと大切なのである。

第二は、自分が所属する企業や上司に不平・不満、不信感を持った社員が、所属する企業の業績を高めるような、また上司の出世を手伝うような、価値ある言動を日常的にするはずがないからである。

逆に言えば、その企業で大切にされ、その企業に所属していることの幸せを実感している社員や、トップや上司への満足度や信頼度が高い社員であれば、属する企業・組織の業績を高め、トップや上司に報いたいと努力するのは当然のことだからである。

逆に社員第一主義ではなく、業績第一主義、勝ち負け第一主義、成長第一主義に走ると、その企業からは、しだいにぬくもりが消え失せ、逆にギスギス感がはびこっていく。そして企業の業績を高めるための最大の方策であるチーム力、仲間意識、お互いさま風土、利他の心がしだいに失われていくのである。そして、それは結果として、業績の低下を招くことになる。まさに悪のスパイラルに入ってしまうのである。

業績とは、正しい経営、社員をとことん大切にした経営を行っているか否かの結果でもある。求めれば実現できるようなものではない。

周知のように業績とは、売上高でも費用の額でもない。「売上高―費用」、つまり利益のことを言う。それゆえ業績を高めるためには、売上高を高めるか費用を下げるかしか方法がないのである。

売上高を高めるといっても、この成熟化社会、世界的な競争激化社会の中で、画期的な新商品やオンリーワン的な商品でも開発・販売しない限り、容易なことではない。それゆえ、多くの企業では社員に高い目標を課したり、過大な売上げノルマや生産ノルマを課すことで、その実現を図ろうとする。そして、それでも売上げが思うように伸びない場合、多くの企業はもう一つの業績向上策である費用の削減に視点を変えるのである。

周知のように企業経営における最大のコストは、製造業においては原材料と人件費、流通業においては仕入れと人件費、サービス業においては人件費である。

それゆえ、これらを削減することにより、企業の業績を実現しようと走るのである。つまり、リストラや、仕入先や協力企業に対する大幅なコストダウンの実施である。

こうした経営は根本的に間違っている。筆者に言わせれば、そうした経営は経営という名を借りた殺人行為である。

それもそのはず、リストラをされた社員や家族が幸せや、その企業に所属していた喜びなどを感じるはずもなく、そればかりか、逆にその企業に恨みつらみを持つようになる。また、今回は何とかリストラされずに残った社員も、次は自分の番ではないかと恐れおののきつつ、仕事をするようになる。そうした姿勢で、価値ある仕事ができるはずがない。

より深刻な問題は、今回は、何とかリストラされなかった社員ではなく、そもそもリストラの対象ではない、有能な社員である。有能な社員は力があるため、たいていの企業に、よりよい条件で勤めることができる。

にもかかわらず、さまざまな理由で勤務してくださっている貴重な人財である。こうした社員は、総じて弱者に優しい真の強者であり、目の前で、まるで弱い者いじめのように行われるリストラを見て見ぬふりができず、企業や上司に強い反発を持つ。

そして、いいかげんなことを平気でする企業の経営者や上司と同類項で見られることを、家族ともども嫌い、その組織を去っていくのである。

歴史を見ればすぐわかることであるが、企業の衰退・消滅は価値ある人財の離職の増加と、そのモチベーションの低下によりもたらされているのである。

逆に、どんなに大変なときにも、経営者や上司は、社員とその家族の命と生活を守ってくれると実感している社員とその家族は、組織愛が強いのは当然なのである。そして顧客満足度を高めることにより、企業の業績を高めようと、努力するのである。

すでに述べたように筆者が提唱する経営学は、社員のみならず、その家族までも社員第一主義経営の対象と考えている点である。

これまでの経営学では、社員は経営学の対象ではあるが、家族は経営学の直接的対象というより、社員の福利厚生制度の中での位置づけが一般的であった。しかしながら、筆者は、社員だけでなく家族も幸せにすべき直接の対象と考えている。理由は次の二つである。

一つは、経営者であれ、できる人財であれ、会社を離れれば地域住民の一人であり、地域住民とのおつきあいも必須だからである。とはいえ、人間は皆平等に、一年は三六五日、一日は二四時間しか有していない。

それゆえ、普通の人の数倍の使命と役割がある経営者や、できる社員が、普通の人と同様に、地域住民の一人としての役割を果たすのは、到底困難である。それゆえ、その役割はたいていの場合、家族が担ってくれているのである。だからこそ、経営者やできる社員は、企業経営や担当業務に、全身全霊であたることができるのである。

もう一つの理由は、私たちは後ろ髪を引かれる思いでは、価値ある仕事ができないからである。たとえば夜中に徘徊する両親や祖父母と同居していたり、子どもが生まれながらの障がいを抱えている場合など、企業が物心両面で、これらの家族に対する支援をしてくれなければ、社員は生産性の高い価値ある仕事は到底できないからである。

だからこそ「自分ばかりか、その家族も大切にしてくれている企業」と、社員が実感できる企業であることが重要なのである。

その具体例を二つほど紹介しよう。いずれの企業も表彰ものである。

一つは、ある会社の社員が残した遺言である。「もしも自分が亡くなったら、自分がいつも着ていた会社のユニフォームを柩の中に一緒に入れてください。火葬場に向かう霊柩車は、いつも自分が通っていた同じ道路を走り、会社の玄関の前で一度停めてほしい…」とあった。

二つ目が、リーマン・ショックで売上高が前年の七割も減少した会社の例である。やはり誰一人リストラをせず、一方で経営者は自身の給料を一ドルにしたのである。三〇〇人社員の合言葉は、「社長の給料を元に戻そう…」だった。

二つは架空ではない現存する会社であり、いずれも「社員第一主義経営」を高らかに掲げ、愚直一途に実践している会社である。

4 社外社員とその家族を幸せにするマネジメント

経営者が、社員とその家族同様に、幸せを追求しなければならない人は、仕入先や協力企業など、発注者から依頼を受けて仕事に取り組む人々である。筆者が、仕入先や協力企業をあえて「社外社員」と名づけたのは理由がある。

それは「仕入先や協力企業」と表現すると、発注者はどうしても、相手を原材料やコストと評価・位置づけし、「安ければ安いほどいい」という発想で、相手を見てしまうからである。

加えて言えば、「仕事を出してやっている」「買ってやっている」といった上から目線でも、仕入先や協力企業を見てしまう。

一般的に仕入先や協力企業が担当してくれている仕事は、発注者が技術的や設備的、量的、納期的、あるいはコスト的にできない、やれない、やりたくない仕事が大半である。その意味で言えば、仕入先や協力企業が、皆一斉にそっぽを向ければ、発注者の事業活動は、すぐにストップしてしまうと言っても過言ではない仕事を担ってくれているのである。つまり仕入先や協力企業なくして、どんな企業も一日たりとも存続できないのである。

こうした現実を踏まえれば、仕入先や協力企業を上から目線や、安ければ安いほどいいというコストとして見る姿勢は、明らかに間違っていると言える。自社の社員と同様の社員、つまり、「社外社員」と評価・位置づけるのが正しいと言える。

仕入先や協力企業を自社の社外社員、大切なパートナー企業と評価・位置づけ、誠実な取引をするならば、仕入先や協力企業の発注者に対する見方も、間違いなく変わる。

こんなにも自分たちのことを大切に考え、経営をしてくれているといった感動・感謝へとつながるからである。そして、よりよい改善活動になおいっそう精を出すことはもとより、まるで発注者に属する社員のように、営業販売活動にも協力してくれると思われる。

このことは、たとえは少々悪いが、犬や猫と同様である。かわいがれば、かわいがるほど、なついてくれるが、いじめる人にはなつかない。そればかりか、理不尽なことをされると、噛みつきさえする。実質は社外社員である仕入先や協力企業を、自社の社員同様の評価、位置づけをするという取引姿勢・取引方法が正しいのである。

しかしながら、その実態を見ると、「異議あり」・「不公平」と言いたくなる取引が横行している。例えば不況や円高・円安により、発注者の利益率が下がりそうだという理由で、発注者の利益が、ある程度確保できているにもかかわらず、一方的に大幅なコストダウンを実施する企業もことのほか多い。

よりひどいのは、好不況や円高・円安を問わず、まるで恒例のように、毎年数%のコストダウンを強要する企業である。また仕入先や協力企業がさまざまな工夫により、ようやく実現した商品を、より安く調達するため、「世界最適購買」とか「世界一安い購買」など言って、図面を国内外の関係企業にばらまくような企業もある。そればかりか、ばらまかれるのが嫌なら、さらなる低コストにせよと強要する企業もある。残念ながら、こうしたことを平然とする企業もいまだ後を絶たない。

またその要求が受け入れられないと、「内作する」とか「転注する（注文をキャンセルして他業者に発注する）」などと、まるで、やくざまがいの言葉を発する企業も多い。

理不尽な取引は、より肝心な単価の面においても同様である。発注者の利益率と、仕入先や協力企業の利益率が数倍も開いているのは、どう考えても正しくない。その原因が仕入先や協力企業の工数、つまり作業時間数にあるならば、やむを得ないかもしれないが、原因の大半は賃率にある。賃率も、償却費や販売管理費などからくる違いならばともかく、決定的なのは人件費と利益率の違いからである。

例えば、大企業と中小企業の賃金を年収レベルで比較すると二倍以上違う。このことは、利益率でも同様で、全業種平均では、二倍以上の差がある。

もう一つ、理不尽な取引と思うのが、支払い条件である。多くの場合、締め後三〇日、または締め後二五日払いであり、しかもそれを全額現金で支払うという企業は少なく、多くの企業は現金と手形を併用している。その手形サイト（猶予期間）にしても、九〇日あるいは一二〇日という手形が少なくない。なかには一五〇日といった、何を考えているかわからないような長期手形を平気で振り出す企業もある。

現金支払いではなく、手形支払いをするということは、期日前に割り引けば、当然、割引手数料を支払わなければならないので、そのサイトの分だけ値引きをされた取引と言っても過言ではない。

乱暴に言えば手形支払いはその時点で、納入業者に値引きを要求していることになる。こうした手形支払いが、いかに理不尽な取引であるか否かは「自分が逆の立場であったなら…」と考えればすぐわかることである。

もとよりこうした取引が横行しているのは手形取引を認めている法律にも問題がある。一日も早く手形のない取引をあたり前にすべきである。一方、賢明な企業は、手形を支払う企業をあえて避けたり、そうした企業との取引比率を下げることで、手形との決別を図っている。

仕入先、協力企業を社外社員と評価・位置づければ、せめて締め後二〇日以内、できれば自社の社員の給料の締めや支払いに合わせるべきである。もとより、全額現金での支払いが望ましいことは当然である。

誰かの犠牲の上に成り立つような経営や企業間関係が、長く続くはずがない。こうした取引が結果として一方の廃業を招き、産業組織を弱体化させてしまうのである。

先にも述べたが、一九八三年当時、わが国には七八万の工場が存在していたが、その後、好・不況を問わず右肩下がりに減少し、二〇一八年の統計では、三六万になっている。つまりこの三五年間で、なんと半減化してしまったのである。

このことは小売業でも同様である。一九八二年当時、一七二万店舗を数えた、わが国の小売商店は、その後、工場数同様、一貫して右肩下がりに激減し、二〇一六年の統計では九九万店舗にまで減少している。この三四年間で七三万店、率にすると四二％の減少である。

その大半が倒産ではなく廃業という現実が、これを示している。つまり多くの企業は、あまりに理不尽な取引に嫌気がさし、身ぐるみ剥がれる前に、安楽死を志向しているのである。

こうした廃業の多発は、発注者はもとより、わが国の未来にとっても深刻である。というのもわが国企業が担うことが常識となった、近年の小ロット、短納期、高スピード、高品質、高精度といった仕事は、海外では対応できないからである。

そうなると結局、高コスト構造の大企業自身がやらざるを得なくなる。まさに時代は選ばれる中小企業ではなく、「選ばれる大企業・捨てられる大企業」の時代なのである。

仕入先・協力企業との関係において、参考になると思われる企業事例を三社紹介する。

一社目は、大災害時にあっても仕入先からの納品が途絶えなかった企業の話である。その企業は福島県にあるスーパーマーケットである。東日本大震災、その後の福島原発事故が地域を直撃し、地域のほとんどの小売商店は当然ながら店を開くことができなかった。

しかしながら、この食品スーパーは、「地域住民のライフラインを守るのが自分たちの使命と責任…」と、店も自分たちも、程度の差こそあれ被害を受けているにもかかわらず、寒さに震えながら店の前に並ぶ地域住民のために、その日のうちに店を開いたのである。

しかも、それが本社の指示ではなく各店舗の判断であったという。

もとより、こうしたことができたのは、社員の強い使命感からであったが、そうはいっても地域住民が求める商品がなければ提供することはできない。しかしながら、同社には潤沢ではないが、全国の納入業者から商品が入手できたからである。

日ごろ同業者や納入業者を大切にしている同社のために、全国各地から危険を顧みず、商品が運ばれてきたからである。

ちなみに同社の取引先への支払いは一〇〇％現金支払い、しかも週払いである。ちなみに同社の一カ月当たりの支払金額は約五〇億円もあるので、支払日を一カ月に一回とすれば、それだけで多くの社員の人件費がまかなえる金額である。

二社目は、季節商品をあえて通年生産している企業の話である。その企業は新潟県にある真冬にしか売れない商品の専門メーカーである。

自動車メーカー等の生産システムである、無倉庫・無在庫システム・ジャストインシステムとは正反対で、在庫だらけの生産システムである。

売れる一一月から一月に生産を集中させれば、材料在庫はもとより商品在庫を持つ必要性もないので、経営学的に言えば極めて非効率・非科学的な生産システムと言える。

同社はそんなことは当然わかっている。しかしながら、あえてそうしているのである。それは季節性の高い商品とはいえ、在庫を持たないような生産をすれば、規模の小さな、かつ依存度の高い協力企業の安定経営は不可能となってしまうからである。

いつぞや同社を訪問させていただいた折、工場内や広い駐車場の一角にある倉庫を見せていただいたが、そこは在庫、しかも商品在庫の山であった。筆者が社長に、もとより冗談であるが、次のように質問をした。「社長さん、今年の冬が、もしも暖冬だったらこの商品の多くは『資産』ではなく『死産』になってしまいますね…」と。すると社長は「協力企業は当社の社外社員です…。ですから生きるも死ぬも一緒なんです…。『死産』にならないよう、そこは十分すぎるほど事前調査をして生産に取り組んでいます…」と。

三社目は、一二月の支払いをあえて早めている企業の話である。その企業は横浜にある住宅のリフォーム会社である。同社の通常の支払いは月末締め翌月二〇日払い、全額現金払いとなっているが、一二月だけは違う。

つまり一二月は二〇日締め当月二七日払いなのである。その理由を社長は「一二月・一月は何かと出費が重なります。一日も早く支払い、資金繰りを楽にしてあげたいからです…」と。加えて言えば、同社の外注企業、協力業者への発注単価は、同業他社と比較し一割から二割高めに発注していることも、知る人ぞ知る事実である。

5 現在顧客と未来顧客を幸せにするマネジメント

企業の盛衰の決定権者は顧客である。つまり顧客が必要とする価値を、タイムリーに創造する企業、提案する企業、自利ではなく利他経営を愚直一途に実践している企業は、例外なく成長・発展する。逆に、顧客に支持されない商品やサービスをいくら創造・提案したところで、また、利他経営ではなく、自利経営に走る社会価値の低い企業の衰退・消滅は避けられない。

それゆえ企業は、自らが「これは」と決めた顧客に対し、全社を挙げ、その満足度を高める経営、偽りのない正しい経営をしなければならない。

もとより、そのために社員やその家族、さらには社外社員である仕入先や協力企業の社員が犠牲になるような、過度な満足度の追求は許されない。誰かの犠牲の上に成り立っている顧客満足度の追求は、けっして長くは続かないからである。それもそのはず、「顧客満足度の追求・実現」の名目のもと、心身ともに疲れ果てた社員や社外社員が、顧客満足度を高めるための価値を、日常的に創造・提案することは困難だからである。

もとより、顧客を軽視しろと言っているわけではない。繰り返し言うが、顧客が大切だからこそ、顧客に価値ある商品やサービスを創造・提案する社員や、社外社員の満足度が、一段と重要なのである。

つまり顧客満足度と社員満足度は、一体であることが重要なのである。そのために経営者や幹部社員は、第一線の社員やその家族の満足度を高める経営をするのである。その結果、第一線の社員は顧客満足度を高め、顧客から「お礼代」「お役立ち代」という名の業績を、受け取れるような言動をするようになるのである。

要は経営者と社員では、求められる役割が違うということである。

顧客が存在価値を認めない企業が経営に未来がないことは、歴史が証明しているが、このことを本当に理解・認識し、経営を行っているとは、到底思えない企業や、担当者と出会うケースが、いまだ多い。

例えば、先にも少し述べたが顧客の現状や将来を考えたならば、比較的価格の安い商品Cで十分と思われるにもかかわらず、まことしやかな美辞麗句を並べたて、高価格の商品Aを売りつける企業や担当者である。

よりひどいのは、目の前にいる顧客の幸せを考えたならば、別の企業が扱う商品Dのほうがはるかによいとわかっていても、そうした商品は、まるでないかのようなウソを平然とつき、自社の高額商品を売りつける企業や担当者も多い。

一九七〇年代のオイルショック時における企業の姿勢に、そのようなものがあった。オイルショック当時、洗剤やトイレットペーパーなど石油関連製品が、ある日突然、多くの店先から姿を消し、顧客は一時パニック状態に陥った。原因は心ない業者が、オイルショックを千載一遇のチャンスと考え、店の売り場から、それらの商品を別の場所に隠してしまったからである。

それを知らない善良な顧客はパニック状態となり、日に日に吊り上げられる超高額な商品を買い求めるため、お店に殺到したのである。その結果、石油関連製品は一段と高騰していった。あれから四〇年以上経過した現在、顧客をまるで商売の道具のように考えたこれらの企業は、大半がいまや消滅している。

　こうしたことは、近年における都内の宿泊についても、懲りずに行うホテルがある。そのホテルの部屋やサービスは、数年前と比較し、まったくと言っていいほど変わっていないにもかかわらず、これまでの一・五倍、あるいは二倍の料金を要求するのである。

　よりひどいのは、夜遅く、困り果ててフロントに行き、空き部屋の有無を開くと、通常なら一万円前後の部屋なのに、三万円とか四万円を、平然と請求するホテルもある。

　余談であるが、筆者自身も、夜の講演のために訪れた温泉地で、もう二度と泊まりたくないというサービスを体験したことが正直、何回もある。

　安い部屋が空いているにもかかわらず、「本日はあいにく予約でいっぱいなので」と、あえて高い部屋に誘導されたこともある。

「自慢は最上階の展望風呂」をうたうホテルで、チェックインの手続きをしていると、「お客様、本日の展望風呂は貸し切りでいっぱいですので、利用できません」と言われたこともある。

　さらには、「懐石料理を売りにしたホテル」と言いながら、食事会場に行ってみると、すべての料理が早々と並べられ、冷え切った天ぷらや味噌汁を食したこともある。

　こうしたサービスに触れるたび、「こんなサービスで顧客が本当に納得・満足すると思っているのか…」「この人々は経営を何と考えているのか…」「このホテルの経営者やスタッフは、自分が逆の立場であったらどう思うのだろうか…」と、怒りすら覚えることもある。こうした経営をしていたら、その企業はしだいにジリ貧となり、消滅するのは当然なのである。

企業を成長、発展させたいと思うならば、最大の商品である社員を伸ばすとともに、お客様という名の友人、ファン・親戚を増やすことである。そのためには、企業や担当者の都合ではなく、いつでも、どこでも顧客の都合を優先し、偽りのない経営をすることが重要である。

顧客がお店を替えてしまう理由は、ライバル店の新規立地や、その店の価格の安さや品揃えの違いなどではない。企業やスタッフの顧客に対する基本姿勢と、そのサービスへの不満なのである。

静岡県に、どんなに忙しくても、来客に対し必ず湯茶のサービスをする会社がある。暑いときには冷たい湯茶、寒いときには温かい湯茶をサービスするのである。

一方では、付きまといのサービスを平然とする店や、顧客がアドバイスを求めているにもかかわらず、まるで気がつかない店もある。同社においては、そんな嫌な経験をした人はおそらく一人もいないと思われる。

加えて言えば、同社では両手に買い物袋を下げ、店を出ようとしているお年寄りを「ありがとうございました…」と言い、後は見て見ぬふりをするような店員は一人もいない。

駐車場の車まででであれ、タクシーであれ、はたまたバス停であれ、安全に車に乗るまでサポートをしてくれる。こうした気配りが、顧客満足度を高めるのだ。

長野県に、やはりサンキューレターがたくさん届くタクシー会社がある。このタクシー会社は、絶対に「ノー」と言わないことで知られる。ここに届いたサンキューレターで、「残り少ない人生に、幸せをくれてありがとう…」と書かれたものがあった。

筆者は大きなボードに貼られたそのハガキにくぎ付けになった。社長に聞くと、このハガキの差出人は匿名であったが、すぐに誰かとわかったという。それは九〇歳を過ぎた一人暮らしのお婆さんで、病院通いや買い物のたび、同社のタクシーをときどき、利用してくれているという。

余談であるが、ハガキが届いたその日に、社長は運行課長と一緒に菓子折りをもってそのお婆さんの住む家に、お礼のあいさつに行ったという。それほど顧客を大切にし、喜ばせ、感謝されるタクシー会社もあるのである。

6 地域住民とりわけ障がい者等社会的弱者を幸せにするマネジメント

人を大切にする経営学で四人目に大切にすべき人は地域住民とりわけ、障がい者や高齢者など社会的弱者である。より具体的に言えば、次のような人たちである。

- 現在働いている障がい者や、働きたい意思と、程度の差こそあれ、その力があるにもかかわらず、働く場所がない障がい者。
- 現在働いている高齢者や、働きたい意思と、程度の差こそあれ、その力があるにもかかわらず、働く場所がない高齢者。
- 現在働いている母子家庭の親や、働きたい意思と、程度の差こそあれ、その力があるにもかかわらず働く場所がない親。
- 以前、何らかのトラブルを起こしてしまったが、その後、更生し、現在、強く働く場を求めているが、働く場がない人々。
- 障がいがあることで、あるいは高齢であるがゆえ、不便な生活を強いられていたり、寂しい思いで生活をしている人々。

こうした人が、企業が大切にすべき四人目の人である。企業市民であると同時に、これらの人々より、どう考えても強者である企業は、雇用や商品、サービス、あるいはボランティア活動を通じ、可能な限り、その幸せの実現に向け、直接・間接支援するのは、当然である。それどころか、義務とも言える。

それもそのはず、障がいの有無は、その人が努力したとか、しなかったといったこととは無関係だからである。もっとはっきり言えば、障がい者として生まれたかった人とか、障がい児を産みたかったという母親は、地球上に存在しないからである。何人かに一人が、母親のお腹の中、あるいは生まれるときのトラブル、あるいはその後の病気や事故などで障がいが発生するのである。

さらに言えば、人間は必ず高齢者になる。そうなれば、本人が好むと好まざるとにかかわらず、程度の差こそあれ、障がいと一緒に生きなければならない。つまり、すべての強者は、やがて弱者になる宿命の中で生きているからである。

こうして考えれば、企業や、そこで働く健常者である強者が、障がい者や高齢者の幸せをつねに心し、応援しなければならないのは当然のことであり、それが正しい生き方である。さらに言えば、そうした企業こそが、高い評価を受ける社会こそが、望ましい社会なのである。

しかしながら、現実はと言うと、望ましい社会とはほど遠いというのが、偽らざる実態である。例えば「障害者雇用促進法」では、障がい者の法定雇用率は、民間企業では現在のところ二・二（二〇二一年四月から二・三）％となっているにもかかわらず、実態は二・一七前後である。これは該当企業のおよそ半分が、それを遵守していないからである。

また、障がいのある生徒が学ぶ特別支援学校（学級）の一般企業への就職率は、平均して二五％前後、つまり四人に一人程度である。健常者の場合、たとえ有効求人倍率が〇・五倍と低くても、雇用の場がないとは到底思えない。なぜならば、企業の充足率、つまり必要な人数が雇用できたか否かを示す指標を見ると、好不況を問わず二〇％程度しか満たしていないからである。

つまり企業はつねに人を欲しており、就職先の選択をしなければ、いつの時代も量としての雇用の場は、十分すぎるほど確保されているのである。健常者にとっての現実は単に雇用のミスマッチが存在しているだけなのである。

これに対し障がい者は、好不況を問わず、決定的に雇用の場が不足しているのである。その結果、特別支援学校をめでたく卒業しても、大半の人々は働く意思、働く能力が、程度の差こそあれ、あるにもかかわらず、就労移行支援施設や就労継続支援A型・B型といった施設でしか、働くことができないのである。そして一生の大半を、そうした施設や自宅で暮らすことになるのである。

人間の幸せは、「人に褒められること」「人に必要とされること」「人に喜ばれること」「人に愛されること」の四つと言われる。つまり人間の幸せは、働くことをおいて、他では得ることが不可能なのに、である。

いつぞや、親しい精神科の先生が筆者に話してくれたことがある。「精神障がいという病は、病院でも薬でも、完全に治すことは難しい。症状を抑えたり、症状を遅らせたりするのが精いっぱいです。この障がいを治す唯一の薬は、社会参加、つまり働くことなのです。働くことをおいて、障がいを治すことはできません」。この言葉を筆者は忘れたことがない。

人間は皆、幸せになるために生まれ、幸せになりたいから頑張っているのである。障がい者は、私たちだったかもしれない。私たちの家族だったかもしれない。そう考えたとき、あなたはどうしますか。見て見ぬふりなどできますか。筆者は、いつも社会に問い続けているのである。

先日も、あるセミナーで障がい者雇用に関する話をすると、終了後、名刺交換に来た一人の経営者が、目頭を熱くして話してくれた。「私は逃げていました。お金で解決しようと考えていました。自分の考え方、生き方は間違っていました。これからは、障がいのある子どもと、子どもの友達のために、障がい者雇用に真剣に取り組みます」と。

障がい者の就労問題は、雇用の場が少ないということだけではない。賃金の面でも、問題が大きい。例えば一般企業への就職が困難な障がい者に対し、その能力向上を目指す、障がい者就労継続支援事業というものがある。これには、事業所と雇用契約を結ぶ「A型」と、雇用契約をしない「B型」があるが、B型で働く障がい者の平均月収は、全国平均で約一万六〇〇〇円しかない。勤務日数・労働時間は、健常者とそれほど変わらないのに、である。

わが国労働者の平均月収が三〇万円前後であることを考えると、いかなる困難があるとはいえ、障がい者の賃金は極端に低いと言わざるを得ないのである。つまり就労率ばかりか賃金面においても、障がい者をめぐる環境は劣悪なのである。

ところで障がい者雇用がなかなか進まない最大の理由は、多くの企業がこの問題に対して、見て見ぬふりをし、正面から取り組もうとしないからである。また、劣悪な賃金の最大の理由は、障がい者の生産性の問題もあるが、障がい者一人一人の持つ障がいや個性を、逆に生かすという努力、育てるという努力が企業に決定的に欠けているからでもある。

企業の都合に障がい者を無理に合わせようとするばかりで、職場環境を障がい者に合わせる、障がい者を時間をかけて育てるといった心優しい経営が十分行われていない結果が、現状を生んでいるのである。

筆者たちがこうした指摘をしても、「それはそうだが、現実は難しい」などと言って問題から逃げようとする企業が多い。しかし就労面と賃金面の改善は、けっして不可能なことではない。事実、筆者が著した『日本でいちばん大切にしたい会社』で取り上げた数々の企業が、そのことを明確に証明してくれている。

障がい者雇用に積極的に取り組む企業を、顕彰制度を通じて増加させることができればと考え、筆者らは「日本でいちばん大切にしたい会社大賞」という表彰制度も創設している。

7 株主・支援機関等の関係者を幸せにするマネジメント

企業経営を進めるうえにおいて、重視しなければならない五人目の関係者は、株主や支援機関である。しかしながら、ここで述べる「株主や支援機関を大切にする経営」は、これまで述べてきた四人と同列ではない。

もっとはっきり言えば、企業経営において、その目的である「関係者の幸せの追求・実現」を直接的にしなければならないのは、これまで述べた四人であり、株主や支援機関の幸せは「四人の幸せを追求・実現した結果として実現する幸せ」という性格のものである。というのは、株主や支援機関、とりわけ株主や金融機関の最大関心事は、企業の経営の考え方や進め方ではなく、総じてその企業の業績や、それを反映すると言われている株価や配当性向などであるからである。

より具体的に言えば、株主や金融機関は、企業経営の目的よりも、その手段や結果を重んじる傾向が総じて強い。株主や出資者の幸せを重んじる企業経営の見方や考え方では、前述した四人の幸せを追求・実現する経営とは、ほど遠いものになってしまう。株主や支援機関なくして企業の成長も発展も不可能ではあるが、かといって企業経営で最重視すべき人ではないのである。

しかしながら、現実には、株主第一主義の企業が多い。とくにその傾向が強いのは大企業、とりわけ上場企業である。すべてではないが、それを促進するかのような言動をする金融機関も多く散見できる。

不況や円高のときに希望退職を募ったり、社外社員と評価すべき仕入先や協力企業に対し、大幅なコストダウンなど理不尽な取引を強要する企業も多い。あるいは顧客の知識不足・情報不足をよいことに、問題が顕在化するまで、事実をひた隠しにしようとする悪質な企業もある。

株主の幸せの実現は結果であるにもかかわらず、依然、株主第一主義に走る企業の要因は、二つあると思われる。

一つは、経営者自身の問題である。もとより全てではないが、まるで夢にまで見たポストであるかのように、舞い上がり、何が正しくて何が正しくないかを忘れ、株主総会をいかに乗り切るか、そして株主からいかに高い評価を受けるかに、懸命になってしまうからである。もっと長くやっていたいのか、よほど居心地がよい椅子なのか、世のため人のためになる五方良しの正しい経営を貫こうとする覚悟が不足しているのである。

たしかに多くの株主は、短期の業績や配当性向を注視していることも事実である。とはいえ、いちばん大切なことをいちばん大切にすることの重要性を、株主に滔々と語る熱意と気迫が、経営者に総じて不足しているのである。

では大企業、とりわけ上場企業が株主ではなく、社員や社外社員第一主義の経営を行うことは不可能なのか。そんなことはない。実際のところ、筆者が注目している上場企業は決っして株主第一主義ではないが、結果として高い株主満足度を実現している。

経営者が株主第一主義に走るもう一つの要因は、株主や金融機関の問題である。それは依然多くの株主や金融機関は、企業経営に求める価値を、正しい経営の実践というより、業績や将来性、投資対効果、株価、配当性向などに置いているからである。

リストラや拠点のスクラップや売却を評価する株主や金融機関がいる限り、正しい経営を愚直一途に推進している企業が報われるはずがない。

その意味では、株主や金融機関の意識の変革が必要不可欠である。

さらに言えば、企業は短期の業績を期待するような株主や金融機関との関係性を断ち切ることも一案である。短期の業績を重んじる関係者や、株価をとりわけ重視する関係者に一喜一憂する経営と決別しない限り、関係する五人を幸せにする経営、とりわけ社員第一主義の経営は困難だからである。

その方法の一つは無借金経営であり、もう一つは非上場経営である。本来、企業の設備投資は「減価償却費＋利益」、つまり自己金融機能で行うのが経営の原理原則である。そう考えれば、それでは足りない投資は、明らかに過剰投資なのである。

事実、近年、わが国の企業に発生しているゴタゴタは、ほとんどが過剰投資によって発生した問題である。

株主や関係機関に対し、もっと企業の社会性や社会価値を評価させるべきであり、そのためには証券会社や金融機関の投資基準や貸出基準を抜本的に見直すことが必要である。見直しの参考になると思われるのが、「日本でいちばん大切にしたい会社大賞」の応募基準と審査基準である。この応募基準、審査基準によって投資や貸し付けが行われるならば、いわゆるブラック企業はこの世から消滅する。

現在、多くの企業が株価に踊らされているわけだが、逆に企業が踊らせるようにすればいいのである。そもそも株式を上場させたところで、儲かるのはほとんどが、オーナー経営者や機関投資家である。上場が企業にとって本当に望ましいことなのか、いまいちど考えてみる必要がある。

ただ、そうした中でも志のある投資信託も登場している。K投信の「結い２１０１」等がそれで、業績だけでなく社風や基本姿勢などを含めて「これからの社会に本当に必要ないい会社」に投資する投資信託である。当然、リストラする会社は選ばない。そうした観点から会社を評価する投資信託がいよいよ出てきたのである。

金融機関に依存する問題は、例えば業績が悪化したときである。社長が自らの給料を減らすといっても、銀行はこれを認めようとしない。借金の保証人が社長なので、社長の資産が減るのは困る。だから社員の給料を減らせと要求し、聞かなければ融資しないと脅すのである。

一方で株主も、意識を変える必要がある。株で儲けようと思うから、会社に対して業績ばかり求めるようになる。そうではなく、本当に応援したい会社の株を買う。株主がそのような意識で投資するようになれば、会社もどんどん変わっていくはずである。

そして本当にいい会社は、皆、無借金経営をしている。無借金経営だから、業績第一主義の銀行に耳を貸す必要がない。設備投資にしても、融資を受けたり増資で募るのではなく、自己金融でやればいいのである。

お金をきちんと貯めて、自分のお金で回していく。そして利益及び減価償却費の範囲内で行うというのが、設備投資の原理、原則である。それを売上高の二倍とか三倍の設備投資をしようとするから資金が不足し、どこかから調達しなければならなくなってしまい、株主や金融機関の意向を気にした経営をせざるを得なくなるのである。

第3章

リーダーの使命・責任

1

5つの言い訳

企業は業績のいかんによって「構造的不況企業」そして「景気期待型企業又は景気連動型企業」「景気創造型企業又は景気超越型企業」の三つにグルーピングできる。このうち「構造的不況企業」の割合は六〇～七〇％、「景気創造型企業・景気超越型企業」の割合は一〇～二〇％、そして「景気期待型企業」の割合は二〇～三〇％である。これを「悪い・普通・良い」で分けると、その割合は概ね「六・二・二」となる。

「景気期待型企業」や「構造的不況企業」の言い訳は、いつの時代も五つである。

第一の言い訳は、「不況や不況をもたらした国や都道府県の政策が悪い」というものである。しかしながら、こうした言い訳は、経営者の誤解、錯覚、甘えと言わざるを得ない。理由は二つある。

一つは、上述したように、わが国企業の七〇％前後が赤字経営に陥っているとはいえ、一〇～二〇％の企業は好・不況や円高・円安を問わず、長期にわたり黒字経営を持続しているからである。同じ日本にあって、こうした格差が発生するのは、景気や政策の問題ではなく、経営の問題なのである。

もう一つは、そもそも論であるが、好況は誰かによって与えられるものではなく、自らがつくるものだからである。自らの意思で起業しながら、好況を期待して経営を行うという考え方こそが、間違っているのである。そうした考えの人は、本来経営者になってはいけなかったのである。

第二の言い訳は、「業種・業態」という言い訳である。つまり自社が属する業種や業態そのものに問題があり、努力の限界を超えているというのである。これまた経営者の誤解、錯覚、甘えである。その理由もやはり二つある。

一つは、わが国社会においては、いつ、どこで、誰が、どんな業種・業態で起業するのは自由だからである。つまり経営者は、自分でその業種・業態を選択しているのである。またイノベーション（新結合・新機軸）や経営環境の変革で、時代の使命を終えた業種・業態は、時代変化に合わせて変革し、適応することが、「環境適応業」「変化適応業」であるべき企業の原理・原則だからである。

もう一つは、どんな業種・業態であれ、好・不況や円高・円安を問わず、好業績を持続している企業が多く存在するからである。もとより、それら企業に共通しているのは、属する業種・業態を川上展開・川下展開、さらには横展開をするなどして、既存の価値に新しい感動価値を創造し、新たな付加価値をつけているのである。

近年、家具や木製品産業や繊維・衣服産業、さらには鋳造業等をはじめとしたモノづくり産業が、自らの努力の限界を超えた構造的不況産業等と言われている。しかしながら、筆者に言わせてもらえば、設備や技術を何ら変えず、市場や売り方を変え、成長している企業は多々ある。

また構造的不況産業と言われる中で、異分野の価値と複合化・システム化し、新しいマーケットの開拓に成功した企業も多々ある。

第三は、「規模」という言い訳である。規模が小さいがゆえ、「ヒト・モノ・カネ」あるいは「人財・技術・情報」といった経営資源が慢性的に不足していることが、いい企業にはなれない根本原因だというのである。これまた誤解、錯覚、甘えである。

そもそも中小企業とは、小さなマーケットで生きる生物であり、そこに特化した経営資源を保有していればいいのである。専門・特化すべき中小企業が、あれもこれもと、品揃えを多くしたり、規模の大きいマーケットに参入しようとしたり、急成長・急拡大を志向したりするから、「規模」を言い訳としてしまうのである。

本来、規模に応じた経営資源を保有すればよく、また、ゆっくり着実な経営をすればよいのである。こう言うと、「規模が小さいから、そもそもよい人財が入社してくれない」

と嘆く経営者がいる。これも誤解・錯覚・甘えである。

全国各地には中小企業といえども、東京大学や京都大学をはじめ、高学歴の社員が数多くいる企業が多く存在している。加えて言えば、大卒入社希望者が、数千人から数万人もいる中小企業も少なからず存在している。真の人財は規模ではなく、その企業の社会的価値や経営者の経営の考え方、進め方を見ているのである。

第四は、「ロケーション」という言い訳である。企業が立地している場所が都市から遠く離れ、交通が不便だとか、商圏人口が少ないなどと言う。これも経営者の誤解、錯覚、甘えである。

そもそも、その土地での起業を決めたのは自分である。しかも、その場所に問題があるならば、立地場所を変えればいいのである。

筆者がロケーションなど問題ではないという決定的な理由は、どんなに交通が不便な場所、商圏人口が少ない場所に立地していても、顧客が日本中どころか世界中から、わざわざやって来る中小企業も多くみているからである。つまり問題はロケーションではなく、その企業の魅力度なのである。

そして、第五は、「大企業・大型店」という言い訳である。例えばメーカーで言えば、取引先である大企業からコストダウンをされたとか、転注や内作化され、結果として業績が下がったというのである。小売業で言えば、「大型店に客を奪われてしまったから」という言い訳もある。

筆者に言わせれば、「なぜコストダウンや転注、内作化をいとも簡単にされるような経営をしてきたのか」である。逆に言えば発注側とて、よりよいものをより安くつくる企業があれば、そちらへ発注するのは、言わば当然なのである。企業関係は、福祉・ボランティア関係で成り立っているわけでは、けっしてないからである。

いずれにせよ、問題は大企業でも大型店でもなく、中小企業自身にある。中小企業でありながら、大企業と対等に取引をしている企業、逆に大企業に仕事を発注している企業は数多くある。近年では、企業再編の中、スクラップにした工場や店舗を頭を下げて中小企業に買い取ってもらい、再生を図る大企業も数多く存在する。

「問題は大企業・大型店」と言う企業は、自分の思いどおりにいかないわがままな子どもが「大人が悪い」と言っているようなものである。

2 リーダーの使命

経営者、つまり社長は、その企業の中核的リーダーであり、その企業の最高責任者である。経営者の経営に対する考え方、進め方こそが、その企業の盛衰を決定づける。それゆえ経営者は、いつの時代もその企業の最高経営責任者にふさわしい人格、識見、能力を持った、優れた人物であらねばならない。

加えて言えば、経営者は自らにつねに強い圧をかけ、誰よりも苦労、努力することが必要、かつ重要である。つまり経営者は経営者という権威や権限ではなく、自らの背中と心で公正・的確なリーダーシップを発揮しなければならないからである。

このことは、その経営者が自ら資本を投下して創業した経営者であれ、後継経営者であれ、また資本と経営が一体のオーナー経営者であれ、資本と経営が別のサラリーマン経営者であれ、同様である。

近年、企業間の格差は拡大傾向にあるが、その最大要因は業種別格差や技術力格差、あるいは生産力格差・営業力格差などではなく、経営者格差、とりわけ「経営者の経営に対する考え方、進め方格差」と言っても過言ではない。

経営者になってはならない人、または経営者にしてはならない人を、経営者にしてしまうと、企業はどうなってしまうのか。業績や勝ち負けを追求しすぎるあまり、経営者の最大・最高の使命と責任である、関係する方々の幸せの追求・実現が疎かになり、やがて企業内にギスギス感がはびこり、活力をしだいに失っていく。

しかしながら、現実はというと問題の多い経営者が、かなり存在する。夢にまで見た経営者のポストに就いたからなのか、張りきりすぎて手段や結果である業績や勝ち負けを、まるで目的化したような経営に走る。そして、行きつく先は過剰投資、過剰負債を抱え込む膨張経営であり、果ては、けっしてやってはいけない、なんら罪のない人々に対する人員整理経営となる。

また、経営者の椅子と部屋がよほど居心地がよいのか、経営を保守化させたり、長期ではなく短期の視点で経営の成果を評価し、決断する人もいる。また最も大切な「現場・現実・現物」という三現経営を忘れ、最も三現から離れた本社で決断する経営者も多い。

ところでわが国の九九・七%を占める中小企業においては、経営者は創業者もしくは創業者の親族である場合が大半である。ただ、「創業経営者」と「後継経営者」は、総じてタイプが大きく異なる。

創業経営者の多くは個性的である。創業時の苦労を一身に背負っての創業であり、自身の行ってきた数々の体験に基づき経営を行っているため、強力なリーダーシップを発揮し、全社員を牽引するカリスマタイプが総じて多い。

一方、後継経営者は、大きく二つに分かれる。一つは創業者の親族である場合、もう一つは社内人財か社外人財かはともかく、創業者とは血縁関係のない場合である。いずれの場合も、創業経営者とは、タイプが異なるのが一般的である。

これは当然である。不安定な創業期を何とかクリアし、ある程度の規模に成長・発展すれば、人財も育ち、集まってくるからである。そうした中でワンマン経営とか、「俺についてこい」式の経営では、人財から逆に反発を招いてしまう。その意味では後継経営者のタイプは、「仕組みづくりのリーダー」「任せるリーダー」「風土づくりのリーダー」がふさわしいと思われる。

ともあれ創業経営者であれ、後継経営者であれ、またどのようなタイプの経営者であれ、経営者の最大・最高使命と責任は、社員とその家族の命と生活を守ることである。このことを肝に銘じ、けっしてこのことを疎かにしてはならない。

3 リーダーの仕事

経営者は偉いわけでも、格が高いわけでもない。他の社員との最大の違いは、その持つ使命と役割である。社員とは、社員としての仕事をやるべき人、課長とは、課長としての仕事をやるべき人、そして社長とは、社長としての仕事をやるべき人のことを言っているに過ぎない。

社員の仕事は、例えば生産現場においてならば、よりよいものを納期までに適正価格で生産することである。また組織の一員として仲間を支援し、組織の成果を高めることである。しかしながら、経営者の仕事はこれとは異なる。

筆者が考える経営者の仕事は大きく五つある。少し乱暴に言えば、これ以外の仕事は、本来の経営者の仕事ではないとも言える。

しかしながら現実には、この五つ以外の仕事に精を出したり、時間を費やしている経営者が意外に多い。その結果はというと、一日の時間は限られているのだから、当然のことながら本来経営者が行うべき仕事が疎かになり、健全経営ができなくなるのである。

経営者が担うべき第一の仕事は、「方向の明示」である。つまり企業がこれから向かうべき方向、道を全社員に明らかに示すことである。

全社員が向かうべき方向を明示することは、そうたやすいものではない。企業を取り巻く環境は、つねに変化している。国内を見れば、物的成熟化や、少子・高齢化に伴う人口減少社会への移行、国際社会を見れば、経済社会のボーダレス化、グローバル化のいっそうの進行や、これに伴う世界的規模での競争激化などが起こっている。また、AIやITにより生産革命や流通革命どころか労働革命や経営革命が起こっている。こうした中、進むべき方向を一歩でも間違えれば、社員とその家族を路頭に迷わせる。

それゆえ経営者は、つねにアンテナを高くするとともに、豊富な人脈を形成し、聞く耳を持ち、最新の情報を受信することが必要不可欠である。

経営者が担うべき第二の仕事は、「決断」である。第一の仕事で明示した方向や経営課題に対し、何をやり、何をやらないのかを決する仕事である。方向の明示と同様、責任の極めて重い仕事である。企業経営の成否の大半は、前述した「方向」や「決断」のいかんにかかっているからである。

もとより「やる・やらない」という決断だけではなく、「いつやるか」も極めて重要である。環境変化を受けつつ、相手あっての決断であり、早すぎても遅すぎても失敗してしまう。

企業を取り巻く環境がめまぐるしく変化・変貌する中、間違いのない決断をするにはどうすればいいのか。それは、その決断が関係する人々の幸せに寄与するのか、寄与しないのか、つまり「正しいか、正しくないのか」という物差しと、どうすることが「自然なことか、不自然なことか」といった二つの物差しで判断し、決断することである。

今年の景気はどうなるか、国際経済はどう動くか、今年の為替レートはどう変わるかといった、誰しも正確にはわからないことを物差しに、決断するのは間違っている。また経営の手段や結果である儲かるか儲からないか、勝つか負けるかといった、これまた、やらなければわからないことを、物差しとして決断するのも間違っている。

経営者が担うべき第三の仕事は、社員のモチベーションアップ、つまり社員のやる気を高めることである。全社員が帰属意識や愛社心が強く、いつでもどこでも気持ちよく価値ある仕事に取り組んでくれるような、よい経営を行うとともに、そのためのよい職場環境を整備・創造することである。

これは当然である。社員のモチベーションが高い企業で、衰退・消滅してしまった企業は歴史上存在しないからである。あえて言えば、社員のモチベーションのレベルこそが、企業の盛衰の最大要因なのである。

社員のモチベーションを高めるには、人をトコトン大切にする正しい経営を実践することが重要である。もっとはっきり言えば、社員や家族をはじめとする企業に関係する方々が、「自分たちは大切にされている」と実感する経営を実践し続けることである。さらに言えば、組織のリーダーとして社員から尊敬される、生きざまを見せることである。

経営者が担うべき第四の仕事は、「経営者こそが最も働くこと」である。ただしこれは早朝から深夜まで、これ見よがしに長時間働くことではない。多くの社員が「申し訳ない」と思うほど、また外部に自慢したくなるほど、五人（者）の幸せのために汗をかくことである。人が嫌がる仕事、少々リスクのある仕事で先頭に立つのは当然である。

企業の始業時間は八時、終業時間は一七時であるのに、毎日ではないとはいえ、日常的に九時ごろ出社したり、「寄り道をしていく」などと言い、一七時前に退社をする経営者が意外に多い。

また、つきあいとはいえ、毎週のように、平日にゴルフに行くといった経営者も少なからずいる。さらに言えば、工場長を社長室に呼び出し、今日の生産計画を聞くような、ばかげた経営者もいる。こんなことをしていたら、社員がモチベーションを下げ、企業や経営者から離れていくのは当然である。

そして、経営者が担うべき第五の仕事は、「後継者を発掘し、育てること」である。新入社員を指導して育てるのは先輩社員の仕事、一般社員を育てるのは課長の仕事、そして課長を育てるのは部長の仕事である。社員から部長まで経営者が育てようと考えるのは、時間的にも無理があるばかりか、先輩社員や課長・部長の見えざる教育機能や欲求を奪ってしまう。後継者以外の育成は、部長・課長・先輩社員に任せるべきである。

筆者はこのことを、「最高の教育は教える教育ではなく、じつは教えさせる教育」と言っている。

4 求められるリーダー像

企業間格差をもたらす要因は、技術力格差・営業力格差・情報力格差・生産力格差、さらには管理力格差など多々あるが、最たる格差をもたらす要因は、人財力格差である。それもそのはず、技術力から管理力までの格差の本質原因は、人財の有無がもたらす格差、その人財が本領を発揮したか否かの格差だからである。

よく経営の三要素として「ヒト・モノ・カネ」や「人財・技術・情報」などが挙げら

れ、これら三者が並列的に語られることも多いが、これは間違いである。正確には「一に人財、二に人財、三に人財」である。他の要素、経営資源は人財のための資源、道具に過ぎないと、理解、認識すべきである。

もっとも、一口に「人財」と言っても、社員という名の人財、幹部社員という名の人財、そして経営者という名の人財がいる。その中で最も重要な人財は「経営者」という名の人財である。

好・不況の影響をほとんど受けず、好業績を持続している企業の経営者と、好・不況のたび一喜一憂し、業績が大きくブレる企業の経営者、さらには好・不況を問わず赤字基調の企業の経営者と比較してみると、三者には人格・識見・能力、さらには経営の考え方・進め方において、決定的な違いがある。

それは、その経営者が創業経営者であれ後継経営者であれ、また動的経営者であれ、静的経営者であれ、さらにはカリスマ的経営者であれ、仕組みづくりの経営者であれ、変わらない。いずれにも共通する違いは、一人の「人間経営者」としての生き方・有り様である。

筆者のこれまでの八〇〇〇社以上の経営者インタビューを踏まえ、優良企業の経営者に共通して見られる特徴を整理・要約すると、およそ二〇ある。この二〇を持つ者こそ、求められる経営者と言って過言ではない。

それゆえ、経営者は、好むと好まざるとにかかわらず、これに該当する生きざまを示すとともに、経営を進めるべきなのである。以下に、その二〇を挙げる。
①規模の大小を問わず、企業はどうあるべきか、自社は何を通じて世のため人のために貢献するかといった、確固たる信念を有している。
②全社員の幸せをつねに念じ、誠実かつ、人間愛に満ち溢れた経営をベースとしている。
③自身の最大の使命は、箸の上げ下ろし的な指示・命令などではなく、全社員に自社の目指す目標を明示し、決断することであり、そのためのよい職場環境をつくることと自任し、それを実践している。
④つねにマクロ・ミクロを問わず情報に飢え、そのために社内の誰よりも努力し、学習している。同時に、社内外からの嫌な情報をあえて入手するシステムを張り巡らし、かつ、それらに真摯に耳を傾けている。
⑤外部の経営者や専門家を社外重役・社外取締役などとして組織化・ネットワーク化し、自らをつねに諫めるとともに、最新の情報収集を怠らない。
⑥経営者自身が自社の商品を好きである。
⑦現場・現物好きで、暇があれば現場に足を運び、現場で汗みどろ、油まみれで頑張る社

員に声をかけ、社員こそ大切にする。
⑧自社や自分の弱み・強みを定量的に把握している。
⑨「3S経営」、つまりスピード・シンプル・ストレートな経営スタイルを基本としている。
⑩血縁にとらわれない、公正な人事を実践している。
⑪経営数字に強く、財務諸表の基礎的分析能力がある。
⑫基本的にネアカであり、陰日向がない。
⑬自らが率先するとともに、言動がつねに一致している。
⑭バイタリティに富み、かつロマンチストであり、さらには、つねに自身の熱き夢を全社員に語っている。
⑮仕事が誰よりもでき、社員の目標である。
⑯目標・情報・成果の共有化を図るため、全社員とのコミュニケーションをとりわけ重視している。
⑰原理、原則観に基づき、フレキシブルな考え方や行動をしている。
⑱経営者自身、物まねやナンバーツーが嫌いであり、オンリーワン、ナンバーワン志向である。

⑲「社員と顧客優先経営」をトップポリシーとして掲げ、それをあらゆる場面で実践している。
⑳つねに自らの限界・引退を心得つつ、経営に邁進している。

5 後継者

企業経営の目的・使命は、企業にかかわるすべての人々の永遠の幸せの追求・実現である。この目的・使命を果たすためには、そのリーダーたる経営者は、何としても企業をブレさせず、隆々と成長・発展させることが強く求められる。企業を継続させることができず、倒産や廃業させてしまったならば、社員やその家族を路頭に迷わせてしまうばかりか、多くの関係者に多大な迷惑をかけてしまうからである。

企業を隆々と成長・発展させつつ継続させていくためには、経営者は変化にびくともしない強靭な企業体質と企業体力を日ごろから充実・強化しておくとともに、二宮尊徳の「遠くをはかる者は富み、近くをはかる者は貧す」の言葉ではないが、遠くをはかり、将来への種まきとしての人財の育成や、研究開発に注力しておくことが必要かつ重要である。

そして何よりも重要なことは、後継者の育成と、タイミングのよいバトンタッチである。近年、わが国における廃業企業の多発の原因は、多くは後継者問題と、バトンタッチのタイミングの失敗にあると言える。

とりわけバトンタッチのタイミングは、極めて重要である。後継者が育っていない状態でのバトンタッチ、つまりバトンタッチが早すぎても、逆に育っているにもかかわらずバトンタッチをしない、つまり遅すぎても、事業の承継はうまくいかないからである。

では、どういうタイミングでバトンタッチをすればいいのか。筆者のこれまでの経験を踏まえ、あえて言うなら以下の四つの現象が見られた場合であろう。さらに言えば一つでもその現象が見られたら、社長の定年、つまりバトンタッチのシグナルである。もしも四つの現象がすべて見られたならば、早急にバトンタッチをすべきである。

第一の現象は、現・経営者の起業家精神が萎えてきたときである。起業家精神とは、新しいビジネス（業）を起こす気迫や気概であり、一言で言えば、新しいことへのチャレンジ精神である。それが萎え、薄れてきたのは、新しいことへの関心や、やろうという気迫が弱くなってきたということである。

起業家精神が健在か衰えてきたかは、第三者のアドバイスを受けてもよいが、自身の傾向観察が有効である。具体的には過去三年程度、以下の指標を見て、その一部にでも低下傾向があるならば、バトンタッチの時期が来ていると考えてよい。もしも大半の指標が該当しているならば、待ったなしと考えるべきである。

- 市場調査や取引先、顧客に出かける回数
- 講演会やセミナーなど、各種研修会で学ぶ回数
- 経営に関する書物や雑誌・新聞等を読む数

第二の現象は、経営者の基本使命と責任に関するもので、肉体の衰えも含め、これらができなくなってきたときである。具体的に言えば、すでに述べたように、

- 方向の明示
- 決断
- 社員のモチベーションアップ
- 後継者を育てる
- 先頭に立つ

といったことである。

第三の現象は、企業の業績である。業績、つまり利益は、顧客のお礼代、すなわち顧客

満足度であり、また社員のモチベーションのレベルを示す最大の指標である。それゆえ、業績が単年度で見て、二年連続赤字である場合は、経営者の経営能力が問われる。

もとより急激な経済変動や大きな天変地変が発生した年は、当然例外である。つまり平時において二年連続赤字経営ということは、経営そのものに問題があると言っても過言ではない。このとき人件費を低く抑えたり、未来経費をカットして、見せかけの利益を計上するのは、ナンセンスである。

一年ではなく、あえて「二年」と言ったのは、ある年度において企業継続上、必要不可欠な投資、それも大型の投資を行えば、その年が赤字になることも、考えられるからである。

しかしながら、これまた理想論を言えば、すでに述べたが、そもそも設備投資は自己金融機能、つまり「減価償却費＋利益」の範囲で行うことが原理原則であり、その意味では特別のことがない限り平時の赤字は本来許されない。

そして、第四の現象は、ふさわしい後継者が育ったときである。後継者が育ったか否かは、現・経営者をはじめとするスタッフが、五年から一〇年程度、後継者の言動をじっと観察し、総合的に判断すべきである。

具体的には、後継能力があると見込んだ人物に対し、最低三年、できれば五年程度前から後継者指名をし、そのことを本人にも周囲にも明確に伝え、それぞれに自覚を促し、そのうえで時間をかけて後継者育成を行うのが理想である。

中小企業の場合、後継者は圧倒的に親族、とりわけ自身の親続が多いので、客観的というより主観的に後継者を見る傾向が強い。そのため、どうしても厳しくなったり、甘くなってしまったりする。こうした問題を除去するためには、大所、高所に立って、はっきりものを言う第三者の意見につねに耳を傾けていることが必要である。

かつてある経営者から後継者についての相談を受けた。その経営者は後継者を専務である弟にするか、自分の長男である常務にするか迷っていた。専務は現・経営者の五つ年下で、創業時、苦難が続く中、見かねて脱サラし、将来どうなるかわからない兄がつくった小さな会社のために入社してくれている。そして兄弟二人して今日の優良中小企業にまで成長発展させてくれた相棒である。

そうしたこともあり、現・経営者は、たとえ数年でも頑張ってくれた弟を社長にすることで弟はもとより、弟の奥さんや子どもにも報いてあげたいとも考えていた。

一方、わが子である常務は、大学卒業後、他社勤務を経て入社し現場からのたたき上げで現在は常務取締役であった。二人の後継者候補をよく知る筆者は次のようにアドバイスした。

「結論から先に言えば長男の常務を後継者にすべきです。その理由は二つあります。弟さんの専務はプレーヤーとしては優れた人物であることは誰もが認めますが、経営者はマネジメントに優れていることが重要です。

一方、息子さんである常務はいまだ四〇歳とはいえ、人格・識見に優れ、現場の社員の圧倒的な支持を受けています。加えて言えば、常務には抜きんでた優しさがあります。

もう一つの理由は、会社は赤の他人が入社した段階で社会的公器、つまり社会皆のものです。世のため人のためにとって、誰が最もふさわしいかで決めるべきです…。けっして私情を挟んではいけません…と。

そして、常務を社長にした場合、叔父である専務に気を使うので、社長であるあなたと一緒に顧問になることがよいと思います。専務が現業でしばらく残っていたいならば、専務が活きる別会社を立ち上げ、その社長にすることも一案と思います…」と。

また次のようなケースもあった。

B社長は七八歳の現役経営者である。四〇年前、脱サラして奥様と二人で創業し、現在社員数一五〇名の会社にまで育て上げた経営者である。

次期社長は、社長の長男であり現・専務取締役である。数年前のことであるが、近くの会社に行ったついでに、久方ぶりに突然ではあったが、同社を訪問した。運よく社長がおり後継者の話に移った。

筆者が、「先日ある団体の会合に呼ばれ、専務に久方ぶりにお会いして話をしたが、立派になりましたね。社長…、もうそろそろ専務を社長にされてもいいと思います。筆者の調査研究では、オーナー企業の場合、バトンタッチの時期は後継者が三五歳から四五歳前後のケースが、その後の経営を見ると成功している企業が多い…」といった内容の話をした。

そして「ところで専務はいくつになりましたか…」と聞くと、「四八歳になります」と言った。そこで筆者は、「社長…もう早すぎることはない、準備をし、早い段階で専務を社長にしたほうがいいです…」とアドバイスをした。

一瞬、社長はむっとした表情をしたが、「先生、わかりました。考えておきます…」といった言葉を聞き、その日はその場を去った。

次の日、私の携帯に専務から電話があった。内容は昨夜、夕食のとき社長に呼ばれ、「次の株主総会で社長を替わるから準備をしてくれと言われました…。ありがとうございました…。正直、ここ数年、社長である父親は物忘れも激しくなるし、同じことを何回も繰り返し言うこともあり、体を心配していました。

しかしながら、この会社は両親が命がけで、苦労に苦労を重ねてここまでしてくれた会社であり、その苦労と努力を目の当たりにしている、私ごときが社長、もうそろそろやめたほうがいいのでは…など、口が裂けても言えませんでした…」と。

バトンタッチ、つまり経営者の定年年齢については、一概には言えない。あまりにも個人差が大きいからである。ただ、これまでの経験値に基づいてあえて言えば、その後も隆々と成長・発展している経営者のバトンタッチの年齢は、六〇歳から七〇歳前後が多い。一方、後継社長の年齢は、親族承継であるならば、三五歳から四五歳が多い。

6 社長と会長

株式会社の場合、経営のトップは代表取締役である経営者、つまり社長である。かつては代表取締役社長こそがその企業のトップと評価・位置づけられ、代表取締役を辞めた後は、代表権のない会長や相談役、あるいは顧問というポストに就き、大所高所からのアドバイス役となることが多かった。なかには後継者に気をつかわせたくないという理由で、いっさい肩書を持たず離任する社長もいた。

しかしながら、現代では、代表取締役社長を何らかの理由で退任した後、大企業・中小企業を問わず、代表取締役会長とか、代表権こそないが取締役会長といったポストに就任するケースが増加している。激動の時代の今日、もし方向や決断を間違ったならば、会社を潰してしまうかもしれない。代表権を二人で持つことにより、相互のよき牽制システムが機能すると考えるからである。

また、現代では企業の社会性も強く求められており、企業の本来業務だけに注力し、活動していくことが許されなくなってきている。つまり社長の業務が、かつてとは比較にならないほど拡大してきている。これも会長が求められる理由である。

社内はもとより社外からも高い評価を受けている社長の退任は、社内外に対するマイナスの影響も少なからずある。本人の意思とは逆に、代表取締役会長というポストに就かざるを得ない場合もあろう。

こうした理由での代表取締役会長や会長職への就任は認められるが、その必要性がたいしてない場合の就任だと、代表権の有無にかかわらず、依然、社長のときと同様の実権を持ち、それをあらゆる場面で行使する会長も少なからず見られる。

企業内の部屋の看板を、「社長室」から「会長室」に変え、悦に入っている会長もいる。こういうことを平気でやっていたら、社員の笑いものになるばかりか、企業経営が二頭政治に陥り、決断のタイミングを失う。よりひどい場合、足して二で割ったような、とんでもない決断をすることになる。

それればかりか企業の中が社長派・会長派に分かれ、ギスギス感がはびこってしまう。より怖いのは、二人の意見が対立したときである。こういう状態では社員の思考能力は停止し、社員は「指示待ち社員」となり、活力がしだいに低下してしまう。

しからば、社長と会長のよい関係性はどうあるべきか。その多くの努力は、会長にこそ求められる。会長になったならば、代表権の有無にかかわらず、つねに社長を立て、支えることに徹するべきである。

とりわけ創業社長が会長になった場合、自らが全財産を投入し、起業し、苦労の末、今日の企業をつくり上げた社長が多いがゆえ、企業への思いがことのほか強い。長年、企業経営に従事してきたこともあり、誰よりも企業の隅々まで知り尽くしている。

それゆえ会長になっても依然、社長のときと同様の言動をする傾向が強い。だが、こんなことをしていたら、後継社長の芽を摘んでしまうことになる。

筆者は、会長と社長の最大の違いは、「我慢の度合い」であると考える。例えば会長になったら、とことん社長を立てる。より具体的に言えば、朝は社長より早く出社すべきではなく、退社も社長より遅くてはならない。そして、遠くからじっと見守り、よほどのことがない限り、現業には口を出さない。全社員が、わが社のトップは社長であると認知するような言動が、必要かつ重要である。これができない人が会長になるべきではない。企業を混乱させるだけである。

少し前になるが、全国でも知られた名経営者であるS氏に、ある会合で偶然お会いしたときのことだ。S氏は筆者を見つけるや、にこやかに駆け寄ってきて次のように話をしてくれた。

「先生、昨年末、三三年間務めさせていただいた社長職を退任し、相談役になりました。もうこれからは、明日の受注のことも資金繰りのことも、さらにはコストダウンのことも何にも気にせず生きていくことができます。これまでやりたくてもやれなかったボランティア活動を積極的にしたり、妻と旅行に出かけたり、映画を見たり、残りの人生を大いに楽しむつもりです。

以前から六五歳を社長の定年と決め、努力してきたのですが、予期せぬ環境変化もあって三年余分に勤めてしまいました。身を引いて客観的に会社を見ていると、じつにいろいろなものが見え、新社長たちにいろいろ言いたいことがあるのですが、若い人たちが任されたのを機に、衆知を結集し、やる気を出して頑張っているので、いっさい黙っています。けれど、社長職を退任することが、こんなに楽しいとは思いませんでした」。

7 帝王学

大企業であれ中小企業であれ、継続のためには後継者の存在は必要不可欠である。とはいえ何もせず、努力せずして、後継者が自然に育つわけではない。後継者を発掘し、育てることは、現社長の最大の使命である。

前にも述べたが、後継者は、一般的に社員の中から選ぶ場合と、優秀な専門経営者を外部から招聘する場合の大きく二つある。わが国企業の九九・七％を占める中小企業の場合、社員の中から選ぶのが一般的である。もっともその大半は、社員とはいえ、現在の社長の親族、とりわけ子どもや社長の兄弟、あるいは娘婿が後継社長となる。

だが、親族へのバトンタッチを当然と考えるのは、現・経営者の誤解・錯覚・甘えである。いかなる企業であれ、企業は株主や経営者のものではなく、社会皆のもの、つまり社会的公器だからである。

親族という理由で、ふさわしくない社員を後継者にしたならば、社員はもとより取引先からも反発を招く。それゆえ親族を後継者にしたいなら、経営者は誰からも後ろ指を指されない後継者に育てなければならない。

　しからば経営者は後継者をどう発掘し、育てるべきであるか。まず発掘においては、学歴・キャリア・出身地、あるいは性別などの偏見を捨て去り、冷静にすべての社員をつねにじっと観察すべきである。そして、それぞれの社員の一挙手一投足に関心を持つ。それは、その社員の表の顔と裏の顔を見るためであり、表面と内面、現象と本性を見るためである。そのために社員たちが持つ才と徳が顕在化するようなチャンスを、可能な限り多くの社員に与える。それもラインだけではなく、横組織やプロジェクト組織などを立ち上げ、縦と横から社員の真の力が顕在化するチャンスをつくるべきである。この場合、金融機関や取引先、顧客の評価も重要である。こうしたことを時間をかけて行い、ふさわしい後継者を発掘するのである。

　発掘したら、次に求められるのは育成である。後継者の育成は、一般的に「帝王学」と呼ばれる。たんなる部門の管理職であれば、その職務処理能力に優れた社員であればよいが、後継者の場合、経営の総合力が優れているとともに、一人の人間としての魅力に溢れ、人望が厚いことも求められるからである。

　とはいえ、後継者の育成方法は多様である。どういう方法がよいかは、その企業が置かれている環境などで判断すればよいと思われる。

あえて言えば、第一の方法は大学卒業後、自社にすぐ入社させ、一〇年以上をかけ、現場を中心とするさまざまな業務を経験させつつ、育てる方法である。その大きな狙いは、現場社員からの人望や信頼を得ずして、全員参加の経営は不可能だからである。

さらに言えば、現場の仕事がたいしてわからない、できない人が後継者になっても、適格な指示やアドバイスはできない。なぜなら、すべての問題と解決のヒントは、現場にこそあるからである。

第二の方法は大学卒業後、一定期間、他社経験をさせつつ、育てる方法である。この場合、預け先で多いのは、自社の取引関係のある金融機関やメインの取引先である。

もとよりこの場合も、第一の方法である自社での職場体験をさせることは言うまでもない。ともあれ第二の方法のメリットは、取引先との関係性がいっそう強まることや、他社の経営をつぶさに学べることである。

こうしたことをたいしてせず、社長の親族だからという理由で、大学卒業後いきなり社長室長とか常務取締役に任命する企業が見受けられるが、こうした人事は問題である。

ところで後継者の育成、つまり帝王学は何を教えればよいかであるが、それは本章の③で述べた、経営者の五つの仕事の実践である。

第4章

正しい競争

1

価格競争と非価格競争

いつの時代も、たいていの人は高くてよいものより、安くてよいものを選択しようとする。これは顧客としては自然な、また当然の行動である。

しかしながら、問題はその価格である。安さが商品の生産や販売などに関係する誰かの犠牲や我慢の上にかろうじて成立しているならば、その値決めは到底、健全・適正とは思われない。それればかりか、その商品が長く顧客に支持されるとは到底思えない。

その意味では価格とは、「たかが価格」ではなく、企業経営の命であり、良心なのである。生産者はもとより、販売者、物流業者、さらには顧客や社会を含めた、関係するすべての人々が幸せや喜びを実感できる価格でなければならない。まさに「三方良し」「五方良し」の価格である。

ところで企業の競争力は、大きく分けて二つある。一つは価格競争力、もう一つは非価格競争力である。価格競争力とは、言うまでもなく「他社より安い」といった価格の安さを売りものにした競争力である。

一方、非価格競争力とは、価格の安さではなく、他社にはない、価格以外の付加価値を売りものにした競争力である。もう少し具体的に言うと、その企業でしか扱っていない価値ある商品や、その企業でしか創造・提案できない価値ある感動サービス、さらには顧客が絶賛する組織風土やブランド力などである。

どちらによる競争が理想的かと言えば、おそらく一〇〇%の人々が「非価格競争」と回答すると思われる。それは価格競争は例外なく、必ずや誰かを犠牲にするからである。

二〇一六年一月、全国の中小企業を対象に、非価格経営に関する実態調査を行った。製造業・非製造業を含め八三六社からの回答を得、結果は価格競争型企業が八一%、非価格競争型企業が一九%であった。ここから価格の安さを売りものにした企業、価格が安いことが唯一の存立基盤という企業が、圧倒的に多いことがわかる。

周知のように価格競争型経営を行う企業は近年、社会にさまざまな問題を引き起こしている。例えば大手スーパーや量販店でよく見られる、「自社の価格が、もし他店より高ければ、それを証明するものを見せてくれたら同じ価格にします」といった経営である。こんなことをしていたら、誠実な顧客は「この店が当初設定した価格はいったい何だったのか。そんなことを知らずに買った自分は、損をしてしまった」と、逆にその店の値決めに対する不信感を増幅させる。よりモチベーションを下げるのは、社員や仕入先である。顧客からの誠実な質問に、きちんとした回答ができないからである。

また、大手メーカーなどで日常的に行われている相見積もりや競争見積もり、さらには「世界最適購買」という名の取引先の選定方法にも問題が多い。新商品の場合は、こうした取引先の選定は当然かもしれない。深刻なのは、すでに長期間にわたり流通している商品の場合だ。

「最適購買」という言葉は美しいが、要は、より安くよいものを仕入れるために、多くの中小企業を天秤にかけ、力で価格を決めるやり方と言って過言ではない。

かつてある下請的な立場にある中小の経営者が、「今年は何とか受注に成功したが、来年はライバル企業がもっと低価格で見積もりをすると思う。だから当社はそれ以下で見積もりをしないと、受注ができなくなってしまう」と言っていた。ちなみに、その企業の取引先は、誰もが知る上場企業で、その利益率は中小企業の数倍の高さである。なんと不毛な競争取引を続けているのかと、愕然とした。

こうした行き過ぎた価格競争は、何もメーカーとの取引だけではない。一部の外食産業やサービス産業などでも、よく見られる。同業者よりも低価格に抑えるための社員へのサービス残業の押しつけはもとより、日常的な長時間残業、さらには慢性的な人手不足による労働密度の強化などが行われている。

こうした経営は社員だけでなく、社員の家族、さらには仕入先や協力企業の社員まで、心身ともに疲弊させてしまう。嫌気がさした社員は、企業への不信感を増幅させていき、サービスの低下や離職の増大を招くことになる。

それればかりか、慢性的な新規入職者の不足さえもたらすのである。このことは中・長期的に見ると、その企業はもとよりわが国の活力までも低下させる。事実、こうした経営や企業間関係が、先に述べたように、過去およそ四〇年間で、わが国の工場数も小売商店数も半減させているのである。

しかも問題は、工場や小売商店の激減というだけに終わらない。より深刻なのは、かつては三〇％から五〇％程度であった赤字企業比率が、近年においては七〇％前後で推移しているということである。

つまるところ、経済社会のボーダレス化、グローバル化、さらにはソフト化、サービス化が進行する中、自社の利幅を削っても低価格を売りものにする事業活動では、いまや通用しなくなっているのである。

また、こうした経営が、いまや国内外のマーケットからも期待されなくなったからとも言える。もっとはっきり言えば、国内外のライバル企業との受注競争や販売競争に、勝った負けたと一喜一憂するような経営や、他社よりも低価格を武器にした経営では、企業の存続が危ぶまれるばかりか、関係する人々を幸せにするという、企業の真の使命と責任を果たすことができなくなっているのである。

こうした「他社よりも低価格」をセールスポイントにできなくなった時代を勝ち抜く方法は、人件費や原材料を中心とした経費のさらなる削減によるコスト競争力の強化ではない。この期に及んでなお、そんな経営を続けたならば、社員や取引先をいっそう苦しめ、そのモチベーションを大きく下げてしまう。結果として、企業の業績のいっそうの低下を招くことになる。

もはや大企業・中小企業を問わず、わが国の企業は、他社との相見積もりや競争見積もりにつねにさらされ、毎度、毎度、受注できるかどうかわからない不安定経営・不確実経営から決別すべきである。そして「貴社の生産・販売する商品やサービスこそが欲しい。貴社の商品やサービスが必要だから」と言われるような、いつの時代も誠実で優しい、本物こそを求める顧客に認められる「オンリーワン型経営」「非価格経営」「本物経営」を一日も早く実現しなければならないのである。

2 価格は需給のバランスで決定する

第1章の⑧でも述べたように、大企業と中小企業は本来その持つ使命と責任が異なる。大企業は、言わば大きな資本力を武器に規模の大きな市場を創造し、これに対応する企業である。一方、大企業と比較してはるかに資本力の弱い中小企業は、だからこそ小さな市場、ニッチマーケット、隙間マーケットを創造し、これらに対応すべき企業である。

もっとはっきり言えば、中小企業は小回りやスピードが生かせる分野、小ロットや短納期が要求される分野、他社がやれない、できない分野で生きるべき企業なのである。しかしながら、このことを十分理解・認識していないのか、小ロット・短納期、かつ面倒な仕事を嫌う中小企業は多い。逆に大ロットで、手離れのよい仕事を好む傾向がある。結果、大企業の生産下請け、流通下請けの道を選択するのである。

当然のことながら参入障壁は低いので、多くの同業者や異業種企業が参入し、年々、価格競争が激化していく。経営者の安易な考えが過当競争を招き、自分や社員、そして仕入先や協力企業までも苦しめているのである。こうした経営では、社員やその家族を幸せにできるはずがない。

重要なのは、社員や仕入先社員など関係する人々が幸せになる価格設定ができることである。価格は「原価の積み上げ＋必要利益」というのが原価計算上の考えであるが、経営学において価格は、「その商品の需給のバランスで決まる」が常識である。

つまり供給が需要を大きく上回っている商品の価格は下がり、需要が供給を大きく上回っている商品の価格は上がる。それゆえ中小企業は、価格競争や価格の決定に苦しまない経営をするためには、「つねに供給不足・需要超過の分野で生きる」ということになる。

筆者の親しい浜松のバネメーカー・S社は、数千種類のバネを最小一個から最大数万個まで生産している中小企業である。あるときS社の社長さんが、「一個の注文で、しかも明日欲しいといった場合、その値段は量産ものの数倍どころか、数十倍以上違います」と話してくれたことがある。

つまり中小企業は、価格競争に陥りやすい大ロットの仕事をあえて避け、付加価値の高い小ロット、手間暇のかかる面倒な仕事さらにはスピードや小廻りを求められている仕事に、よりもっと真剣に取り組むべきなのである。さすれば大ロット需要の需給バランスが崩れ、中小企業同士の過当競争も少なくなる。

3 価格競争型経営の終焉

市場や競争のボーダレス化、グローバル化の進行は、「他社より安い」といった価格競争力をセールスポイントとした企業の存続をしだいに困難にしていくことは明白である。とりわけアジアの国々でも開発や生産が可能で、かつ量産型商品や普及型商品を担っている企業にとっては、その影響は一段と辛らつである。

というのは、アジアの国々の生産コスト、とりわけその人件費コストは、わが国のそれと比較し、年々縮小しているものの、依然大きな格差が現存しているからである。そして一方では、技術や品質のレベルは、飛躍的に高まっているからである。

例えば、ジェトロ（日本貿易振興機構）の資料（二〇一九年度、アジア・オセアニア進出日系企業実態調査）により、在アジア日系製造業の作業員の月給基本給のレベルをみると愕然とする。中国が四九三ドル、タイが四四九ドル、インドネシアが三四八ドル、マレーシアが四一四ドル、インドが二七八ドル、ベトナムが二三六ドル、ミャンマーが一五九ドル、そしてバングラディッシュが一〇四ドルである。

一方、日本はというと、約三〇〇〇ドルである。もとより職種では、たとえばエンジニア等は、今や日本と同等の国もある。

商品に占めるコストのかなりの部分は、直接・間接を問わず人件費が占める。このことを踏まえると、そこには生産性の向上や管理力強化といった従来型手法では到底困難な、大きな格差が現存しているのである。

しかも中国をはじめとしたアジアの企業の近年の技術進歩・経済発展は著しい。開発や生産が可能な商品のレベルも年々高度化し、生活雑貨用品は言うに及ばず、半導体やエレクトロニクス商品、自動車や機械といった高度組立産業にまで広がっている。かつてローテクは開発途上国、ミドルテクは中進国、そしてハイテクは先進国と言われたが、すでにその分業の構図は消滅しているのである。

このことは、かつてわが国大手企業の下請型工場に過ぎなかったアジアの企業が、近年は逆に、わが国の代表的な大手エレクトロニクス企業や世界最大規模の金型製造企業を次々に買収していることを見ても、よくわかる。

いまやマーケットが世界のどこであれ、製品の開発・生産基地は、アジアをはじめ世界のどの国や地域でも問わないというのが、多くの企業の基本的な経営戦略となっている。つまり「世界最適生産」「世界最適購買」である。

事実、主要商品の国別生産台数や世界生産に占めるランキング等を見ると、かつて世界を席巻してきた、わが国企業の後退や生産数量の減少には愕然とする。

例えば昨今、何かと話題の多い半導体の生産についてみると驚く。今からおよそ三〇年前の一九八九年当時、生産金額が世界第一位の企業はＮＥＣ、第二位は東芝、第三位は日立製作所であった。このほか第六位は富士通、第七位は三菱電機、そして第九位は松下電子工業と、世界のベスト三を独占していたばかりか、世界のトップ一〇に、わが国企業が六社も入っていた。

しかしながら二〇一九年では、わが国企業は、見るも哀れなほど後退してしまい、ベスト一〇には一社も入っていないのである。

こうしたことは、かつて日本が世界最強と言われた、自動車産業も同様である。一九八〇年当時、年産二二万台に過ぎなかった中国の生産台数は、中国企業の台頭や外資系企業の進出と相まって年々増加し、二〇一九年では二五七二万台にまで高まり、アメリカの一〇八八万台を大きく上回り、いまや世界最大の生産大国となっている。

こうした動きは、ポスト中国と言われるインドやタイでも進んでいる。インドも一九八〇年当時わずか一一万台に過ぎなかった生産台数が、現在では四五二万台、タイも当時の七万台が二〇一万台にまで高まっている。

一方、わが国はというと、一九八〇年当時、一一〇四万台生産していたものが、国内市場の成熟化と海外生産の加速拡大の結果、いまや一〇〇〇万台を切り九六八万台にまで減少している。

余談であるが、数年前、アジアの産業事情調査のためにベトナムのホーチミン市の日系企業や地場企業を多数訪問したとき、その技術の進歩や社員の勤労意欲の高さには正直、驚かされた。そのうちの一社は日系の現地企業で、日本の本社で生産していたベアリングの生産を行う工場だったが、日本人は管理職が一人派遣されているだけだった。

周知のようにベアリングは、機械産業を支える最難度の商品の一つである。このホーチミン市の工場では、原材料こそ日本から輸入していたが、切削加工、熱処理、研磨、組み立て、調整、そして最終検査に至るまで、すべての工程を行っていた。生産したベアリングは全量、日本の本社に輸出しており、不良率は日本で生産していたときと同様、ゼロである。

前述した資料によると、ベトナムの生産工の月給の平均は二三六ドルに対し、わが国のそれは、三〇〇〇ドルであり、わが国のわずか八％の水準である。

またホーチミン市に、わが国の大学で経営学を学んだ若者が、友人数名と立ち上げた従業員数約一〇〇名の配電盤の生産工場がある。工場内には、日本の中古の板金加工機械を修理・改造した機械が、ずらりと並んでいた。日本の下請工場の悲哀を見ている彼らは、「値決めができる会社を目指す」と、スタート時から自社ブランドの配電盤や制御盤を設計・製作したという。

わが国でも電気機械・機具などを板金加工する工場は多々あるが、その大半はブランド企業の下請的工場であり、彼らの起業家精神のレベルと技術力に驚かされた。

また筆者は二〇年前から、世界最大の軽工業品の生産流通基地である中国浙江省義烏市の福田市場を定点・定時観測している。福田市場を簡単に言えば、日本の一〇〇円ショップで販売している商品が、わずか三〇円や四〇円で手に入る、長さ五キロの長い長いビル市場である。

このビル市場には、四階ないし五階建てのビルが並び、総店舗数は一〇万にのぼる。各階には通路が平均八本あり、時速五キロで歩いても、すべての店舗の前を通るのに四〇時間を要するほどの巨大な市場だ。

二〇年程、初めて訪問調査をしたときは、商品の値段の安さに驚く一方、商品は品質が劣悪かつイミテーションが多く、品質にうるさい日本人に評価されるには相当時間がかかると思った。しかしながら、その品質は調査のたび年々向上し、いまや日本でもないような斬新なデザイン、アイデアの商品が多く並んでいる。

数年前に訪問調査したときも、多くのサンプル品を手に入れて帰国した。その一つはレーザーポインターつき、照明つき、ボールペンつき指し棒である。価格は十数年前と比較すればかなり高騰しているが、日本円で一本一二〇円前後であった。筆者はこの商品を講演会場でときどき見せるが、大半の人が一本五〇〇円とか一〇〇〇円などと答える。こうしたアジアの国々の現実に、中小企業はもっと強い関心を持つべきだと痛感する。

こうした経済社会のボーダレス化、グローバル化にあっては、「一物多価」ではなく、「一物一価」が必然的結果となる。そのような時代にあって、わが国の中小企業はどう勝ち残っていけばよいのか。

その基本方向はまさに、「さらば、価格競争」「さらば、けんかビジネス」である。けんかビジネスとは、言うまでもなく、価格の安さを競い合い、仕事を取ったとか取られたとかといった、まるでけんかのようなビジネスのことである。そんな経営では、これまで述べたアジアの現実を直視すれば、今後とも続くはずがない。

つまり価格競争、けんかビジネスからは一日も早く決別することである。品質・デザイン・技術・納期・スピード・小回り・新商品・サービス、そして独自のビジネスモデルといった、ソフト面、非価格面での優位性をセールスポイントとする経営の実践こそが、いまや待ったなしなのである。

4 求められる適正価格競争経営

非価格経営が必要不可欠とはいえ、その商品の価格が高ければ高いほどよい、というわけではない。そんなことをしていたら、市場から「儲けすぎ」と評価され、やがて顧客から見放されてしまう。やはりどの商品でも「適正価格」「値頃価格」というものがある。つまり売り手も買い手も、また世間も納得する価格である。

適正価格の設定をする場合、まずは何を基準にすべきか。それは原価と利益をどう見るかであると思う。原価は、大きく材料費と加工費がある。材料費は、業界の常識というものがあり、それをベースに計算するのは当然である。加工費は、どの企業にもいわゆるアワーレート（時間コスト）があり、それに商品の生産や販売にかかる時間を掛ければ、概算が出る。もちろんこの段階でも、適正価格、常識価格というものがある。

とはいえ、ここまではさほど問題はない。難しいのは、利益をどう見るかである。先日、売上高営業利益率がつねに二〇％以上という、Aという企業の経営者と、それが三〇％以上というBという企業の経営者から、似たような相談を受けた。

相談内容は、いずれも「上には上があるもので、つねに売上高営業利益率が五〇％強という企業がある。当社も、それを目指すべきでしょうか」といったものであった。筆者はその社長さんたちに、「貴社の社員の平均年齢と平均年収、仕入先との取引条件、さらには社員一人当たりの年間教育訓練費や売上高に占める研究開発費などを教えてください」と質問した。

社長さんたちからその実数を聞き、まず利益率二〇％のA社の社長さんには、「貴社は二〇％の利益率をあげる力はありません。社員が犠牲になっています。社員にもっと賃金を還元してあげてください」とアドバイスをした。一方、利益率三〇％以上のB社の社長さんには、「社員にこれ以上還元する必要はないが、もう一人の社員である仕入先や協力企業にもっと還元するとともに、その商品の売価をもっと下げるべきです」とアドバイスをした。

理由は、筆者は「利益はお客様の感謝料、神様のご褒美」と捉えており、そこにも適正利益、自然利益があると考えているからである。わが国企業の全業種の平均利益率は、近年においては大企業、中小企業平均して三～五％、中小企業に限れば三％前後である。さらに言うと、よい中小企業として高い評価を受けている企業の平均利益率は、おおむね五～一〇％前後である。

もとより、これらの企業の人件費は地域の平均以上であり、未来経費である試験研究費や人財育成経費なども、地域の平均以上を投下している。仕入先や協力企業に対しても、適正単価での発注をしている。

こうした現実を踏まえると、企業の適正利益率は売上高比五～一〇％程度と思われる。つまり利益は、高ければ高いほどいいのではないのである。

あえていえば、次のような企業は、けっしていい企業とは思えない。

①高収益でありながら、早期退職者を日常的に募っている企業
②高収益でありながら、社員に長時間残業を強いている企業
③高収益でありながら、社員の有給休暇取得率が低い企業
④高収益でありながら、社員に適正な賃金・ボーナスを支払っていない企業
⑤高収益でありながら、協力企業に理不尽な取引を強要している企業
⑥高収益でありながら、仕入先、協力企業に対し手形支払いをしている企業
⑦高収益でありながら、障がい者雇用に尽力していない企業
⑧高収益でありながら、高齢者雇用に尽力していない企業

⑨高収益でありながら、社員や家族への福利厚生が不十分な企業
⑩高収益でありながら、非正規社員比率の高い企業
⑪高収益でありながら、社会貢献・地域貢献活動が不十分な企業
⑫高収益でありながら、転職的離職率が高い企業
⑬高収益でありながら、社員に十分な成長機会を提供していない企業
⑭高収益でありながら、育児休業取得率が低い企業
⑮高収益でありながら、さらなるノルマを平気で課している企業
⑯高収益でありながら、労働時間が長い企業
⑰高収益でありながら、職場環境が劣悪な企業

5 やるべき競争・やってはいけない競争

企業経営において、競争はつきものである。競争がまったくなければ、企業も個人も努力を怠り、活力はしだいに低下していく。しかしながら、行きすぎた競争や、企業経営の

使命・目的から外れた競争は、関係する人々を不幸にしてしまう。

何でも競争すればよいのではなく、競争すべきことと、競争してはいけないことがあるのである。また何事も、人を傷つけるのではなく、勇気と希望が持てるような温かい競争、ほどほどの競争でよいのである。

企業がけっしてやってはいけない競争は、以下の四つである。

第一は、「行きすぎた社員間の業績競争」である。同一組織内における成果を競う行きすぎた競争は、社員間に勝ち負けをつくってしまい、組織にギスギス感がはびこる。組織からぬくもりが消え、お互いさま風土、助け合い風土も低下していく。

もとより、社員間の競争そのものを否定しているわけではない。競争にも程度、ほどほどがあるのである。

例えば同じ大学を卒業した同期入社のAさんとBさんがいたとする。十数年後、Aさんは課長に昇進したが、Bさんは主任のままであった。入社後、二人とも結婚し、家族ぐるみのつきあいをしていたが、Aさんが課長に昇進する中、Bさんは、以前と同じ家族ぐるみのつきあいが可能であろうか。

やってはいけない第二の競争は、「企業間のランキングやシェア競争」である。マスコミにも問題があるが、毎年、業界ごとの規模や業績、あるいはシェアに関するランキングが発表される。

あたかもランキングが上位で、シェアが高い企業ほどいい会社と言わんばかりの指標である。こうしたランキングやシェアでの競争をしたら、無理な成長や効率を追求し、結果として社員や仕入先、あるいは顧客を犠牲にすることになる。

やってはいけない第三の競争は、「行きすぎた価格競争」である。前述したように、「他社より安い」を売りものにした経営は、際限のない価格競争に陥るからである。企業経営における最大のコストは、人件費と原材料費、そして仕入高であり、コストダウンはこれらの縮減なくして不可能だからだ。つまり必ず誰かを犠牲にするのである。

やってはいけない第四の競争は、「品揃え競争」である。品揃え競争は、企業の戦線を広げてしまうだけでなく、結果として多くの売れない在庫を抱えてしまう。とりわけ中小企業は幅ではなく、深さで生きるべきである。

一方、企業がやるべき健全な競争は、どういう競争か。結論を言えば、「いい会社づくりの競争」である。

例えば、社員の離職率や残業時間、企業の労働災害を低下させる競争、有給休暇の取得率、障がい者雇用率や定着率、このようなもので競争する。関係者が幸せになるための競争こそが、よい競争なのである。

第5章

業績評価の基準

1 利益とは何か

「利益」とは、損益決算上は売上高から費用を差し引いた差額である。これがマイナスになる、つまり売上高よりも差し引いた費用のほうが多くなる場合は当然、赤字になる。

周知のように利益は、事業活動の段階に応じ、「売上高総利益」「営業利益」「経常利益」「税引前当期利益」そして「当期利益」などがある。

売上高総利益は、売上高から売上原価（製造業の場合は製造原価）を差し引いた利益である。営業利益は、売上高から営業費用を差し引いた利益である。経常利益は、営業利益から日常的な営業収支ではなく、営業外の収支つまり営業外収入をプラスし、逆に営業外費用をマイナスした利益である。

営業外収入は、例えば受取利息や受取配当金などである。営業外費用は、例えば支払利息や手形割引料などである。これらは企業の真の営業活動ではないので、営業利益算出の中には入れず、「営業外収支（営業外損益）」と言う。

営業外収支の大半は金融費用であるが、日常的な活動で、それがまったくない企業は存在しないので、経常的営業活動と評価し、経常利益の計算に加えている。

税引前当期利益は経常利益に特別利益をプラスし、逆に特別損失をマイナスした利益である。特別利益は、経常的な事業活動以外で得た利益である。例えば資産の売却益などであり、逆に特別損失はその逆、つまり資産の売却損や事故・事件などに伴う資産の減少である。

そして、税引前当期利益から税金分を差し引いたものが、当期利益となる。

企業の真の業績を表す利益は、やはり営業利益である。経常利益と言う人もあるが、本来の会社の営業活動による利益という意味では、営業利益が、真のその企業の業績である。

ともあれ、これはたんなる損益計算上の利益である。では人を幸せにする経営学では「利益」をどう考え、どう評価すればよいのか。

利益は目的ではなく、経営目的を実現するための手段、もしくは目的を実現した結果である。ただ、手段や結果とはいえ、利益は重要である。利益を出せず赤字になってしまったら、社員への賞与も出せず、ましてや納税責任も果たすことができなくなる。もっと重大な問題は、赤字が長期化すれば、社員のリストラはもとより、倒産の危険性すらある。

一方、利益に過度に固執すると、売上高の増大や費用の過度な削減に走り、社員や仕入先を心身ともに苦しめることになる。そうならないために企業は、どう利益を考えればよいのか。

これまでも少し触れてきたが、「顧客のお礼代」「神様のご褒美」と考えるべきと思われる。そう考えると利益の極大化を目指す経営は正しくないし、実現すべき利益にも「常識」「ほどほど」というものがあることがわかる。まさに「三方良しの利益」「五方良しの利益」があるのである。

2 適正利益率とは

売上高や投下資本などに対する利益の割合を利益率と言う。適正利益率を見る場合の利益率は、「売上高に対する利益率」「付加価値に対する利益率」「総資本に対する利益率」「自己資本に対する利益率」などがある。しかしながら、一般的には売上高に対する利益率、すなわち「売上高営業利益率」が多く使用される。

近年のわが国企業の売上高営業利益率を主要業種で見ると、製造業は二～五％、卸・小売業は一～二％、サービス業は三～五％、建設業は一～四％、そして全産業総平均では、中小企業が二～三％、大企業が三～五％である。

これを一九七〇年代から八〇年代で見ると、中小企業が一～二％、大企業が三～四％で、ほとんど変わらない。

しかしながら、近年のわが国においては、大企業のおよそ三五％、中小企業は、およそ七〇％が赤字である。そこで赤字企業を除外した利益率を推計すると、全規模・全業種の平均は三～五％前後と思われる。つまり、この利益率は過去五〇年、平均で見ると、ほとんど変わっていないのである。

利益率については、「高ければ高いほどよい」という関係者や、「総資本営業利益率であれ売上高営業利益率であれ、一〇％以上でなければ経営者は失格」という関係者が少なからず存在する。

筆者は、こうした利益観には賛同できない。前項で述べたように利益とは、「顧客や社会からのお礼代、感謝代」と考えるべきだからである。そう考えれば、「高ければ高いほどよい」とか「一〇％以上でなければならない」と考えるのは間違っている。

しからば、適正な利益率はどの程度がよいのか。筆者は「今日必要な経費」と「未来に必要な経費」を十分に計上しているならば五％前後、どんなに瞬間的に高くても一〇％前後で十分と考える。

「今日必要な経費」とは、社員や仕入先、協力工場に適正な労働対価を支払うことである。「未来に必要な経費」とは、研究・開発費や人財確保経費、人財育成経費、職場環境改善経費などである。これら必要な経費を異常に低く抑えたり、削減することで得られた高い利益率は無意味である。

平時で赤字を出すことも認められないが、未来の準備を怠った利益や、誰かを犠牲にしての高い利益率の計上も認められない。

かといって収支トントンでは、納税をすることができない。

かりに国家に必要な財源を一〇〇兆円とし、このうち五〇％を直接税、さらにはその半分を法人税で賄うとすれば、二五兆円程度の法人税が必要である。

わが国企業の売上高は、年度によりばらつきはあるものの、最新統計では約一四〇〇兆円である。二五兆円の税を支払うためには、企業の法人税負担率を三〇％として計算すると約五％の利益率が必要である。この数字は、わが国の健全企業の利益率が五％前後という数字とも、ほぼ一致する。

加えて言えば、過去二〇年以上、エクセレント・カンパニーとして高い評価を受けている企業の、過去二〇年間の平均的売上高営業利益率は五～一〇％である。こう考えると、適正利益率がおおむね示される。

このことをよりわかりやすく説明するために、第4章の④「求められる適正価格経営」でも少し述べたが、かつて実際にあった四社のエピソードを紹介しよう。

まず最初はA社である。A社の売上高営業利益率は、過去五年間の平均で二〇％である。A社の社長に「貴社の社員の平均年齢と平均年収を教えてください」と言うと、「約四〇歳で、平均年収は四〇〇〇万円です」という答えだった。筆者は「その四〇〇〇万円の年収から、本来の業務ではない残業手当分を除くと、いくらになりますか」と再質問した。答えは「約三五〇〇万円です」であった。

そこで筆者は「貴社は二〇％の利益率を実現できる力はありません。社員が犠牲になっています。利益率を半分以下に抑えても、そのぶん頑張った社員に還元してあげたほうがよいです」とアドバイスした。

次は、B社である。B社もA社同様、過去五年以上、売上高営業利益率は二〇％以上であった。社員の平均年齢と時間外手当を除く社員の平均年収を尋ねると、B社の社長は「平均年齢は四〇歳前後で、平均年収はおよそ七〇〇〇万円です。社員には十分ではないかもしれませんが、支払っているつもりです」と答えた。

筆者が再度、「未来経費、具体的には研究・開発費や社員の教育・訓練費は、どのくらい投資していますか」と質問すると、「研究・開発費は売上高比で三％、社員一人当たりの教育・訓練費は年間一〇万円以上投資しています」という答えだった。「少なすぎますか?」と聞くので、「少なすぎることはありません。将来にも十分な種まき経営をしており、いいですよ」と答えた。

さらに筆者は、もう一つ質問した。「仕入先・協力工場の状況はどうですか。より具体的には、貴社との取引をした結果としての売上高営業利益率はどのくらいですか」。答えは、「当社をメインとする協力企業は一五社ほどありますが、だいたい二～三％と思います」だった。

筆者はB社の社長に、次のように言った。

「社長さん、二〇％の利益率は、協力企業が犠牲になったうえでのものです。自社が二〇％以上で、貴社の仕事を下支えしている協力企業が二～三％程度というのは、あまりに格差があり、不自然です。利益率を一〇％以下に下げ、そのぶん協力企業に還元してあげたほうが、より良好な関係になり、心から信頼し合う、よきパートナーになれます。それどころか、協力企業からの改善提案や価値ある情報も入手できると思います。

協力企業の社長・社員は、コストではありません。社外社員なのです。自社の社員同様、愛情をもって接するべきです。あまりに理不尽な取引をしていると、怒りや反発を招き、逆選別されてしまいますよ…」と。

B社の社長は最初、少々怒り顔で筆者の話を聞いていたが、帰りがけに「今日はお会いできてよかったです。大切なことに気づかされました」と言って、握手を求めてきた。

三つ目は、C社である。C社の利益率はなんと四〇%であり、平均年齢四〇歳の社員の年収も約八〇〇万円という。未来経費も十分すぎるほど投下し、仕入先・協力企業の発注単価も一〇%以上の利益をベースに決められていた。

筆者は、C社の社長には売価を下げることを提案した。するとC社の社長は、「いまの売価でも十分すぎるほど売れているのです。値下げや値引きを要請する顧客も、ほとんどいません」と答えた。

そこで筆者は言った。「社長さん、そこまで高い利益率が取れる商品・サービスは、ナンバーワン商品・サービスではなく、オンリーワン商品・オンリーワンサービスのはずです。つまり貴社の商品やサービスがないと、それを必要とする人々の生活や活動に支障をきたすということです。

もしその商品やサービスがもう少し廉価であれば、欲しいと思っている顧客、とりわけ経済的に恵まれていない人々を幸せにすることができます。その商品やサービスが、人の命にかかわるものならば、なおさらです。

そして、私は利益というものは、お客様からのお礼代、感謝代、社会のご褒美と思うのです。何でもそうですが、ほどほどが大切です」。

C社の社長は一瞬、愕然とした表情であった。

最後は、D社である。利益率は、過去一〇年以上五％前後という会社である。社員の年収といい、未来経費の投資といい、まったく問題のない水準であった。最後に協力企業の利益率を聞くと、なんとD社とほぼ同率の五％という。

D社の社長が筆者に、「ある研修会で著名な講師の先生から、売上高営業利益率は一〇％以上が必要と教えていただいたのですが、当社の利益率は低すぎますか」と質問をした。筆者は、「社長さん、あなたの経営は正しいです。どこも変える必要はありません。これからも、この道をゆっくり一歩一歩、歩き続けてください。見事な利益率です」と絶賛した。

わが国企業の多くが赤字や低収益に嘆いている一方、想像を絶するような高い利益率の企業も少なからず存在する。

わが国企業の平均経常利益率は三～五％というのに、中には二〇％どころか、四〇％、それどころか五〇％を超すような企業も散見できる。

しかしながら、筆者はこうした高収益企業を無条件で評価できない。と言うのは、中には、想像を絶する高い利益率であるにもかかわらず、仕入先や協力企業に対し、毎年まるで恒例のように、コストダウンを求める企業も少なからずあるからである。

さらに言えば、にもかかわらず、早期退職者を募集している企業もあるからである。

余談であるが、現在は現役を引退している名経営者として誉れ高いA氏が、「売上高対経常利益率は一〇%以上がいい企業だ…」と講演会などで強く話していることもあり、信奉する多くの経営者は、何が何でも一〇%以上と、そのためには、まるで手段を選ばないといった経営をする経営者も正直、多い。

このため、多くの幹部社員は、一〇%以上という至上命題を実現せねばと、本来三人で担うべき仕事を二人に担当させたり、罪のない仕入先・協力企業に、彼らの実情には、お構いなしに、一方的なコストダウン等を強いることになるのである。

こうした利益や利益率に関する理解・認識は間違っていると言える。

3 人件費とは

損益計算上、人件費は間違いなくコストである。しかもこのコストは製造業においては原材料費に次ぎ、流通業においては仕入高に次ぎ、サービス業においては最大のコストである。このため多くの企業では、人件費という最大級のコストをいかに削減し、必要利益を実現するかに躍起である。

しかしながら、人を大切にする経営学のもとでは、人件費はコストではない。人々が幸せに生きるための人件費は、いわば目的そのものである。もっとはっきり言えば、企業経営は社員の幸せのベースである人件費を支払うために、行われていると言っても過言ではない。

企業の経費は、不況時において削減してもよい経費と、どんな時代においても削減してはいけない経費の二つがあるが、人件費はまさに後者である。

ただし人件費は、多く支払えば支払うほどよい、というものではない。何事もそうであるが、ほどほど、適正という水準がある。その意味では、人件費は支払い能力優先ではなく、社員の生活優先で決められるべきである。そして、そのために高付加価値経営を行うべきだと言える。

「適正」とは、地域や業界の人件費を参考にしつつ、中小企業にとっては少し高い傾向にあるが、地域の公務員の人件費並みが妥当と思われる。

業種や規模、あるいは地域を口実に、低い賃金を支払うことは妥当ではない。ミクロで見れば、どんな業種でも、どんな規模でも、さらには、どんな地域でも、平均をはるかに上回る高賃金を支払う企業も存在するからである。逆に言えば、経営者はともかく、社員に対し、業種や規模、あるいは地域を口実に、低賃金で我慢をしてくれというのも認められない。

そのための基本的前提となるのは、支払い能力の確保である。そう考えたとき、「売上高－人件費」という経営計画ではいつまで経っても難しい。求められるのは、「適正人件費＋その他経費＋適正利益＝必要売上高あるいは必要付加価値」とする計画づくりである。つまり売上高のために人件費があるのではなく、人件費のために売上高があるという考え方である。

人件費をコストと見るのは、企業経営の三要素「ヒト・モノ・カネ」のうちモノとカネは貸借対照表上の資産の科目に計上されるのに、ヒトは貸借対照表上にまったく計上されないからである。会計処理上は、すべての資産・負債・資本は金額表示が必要であるが、人財をどう金額評価するかは悩ましい問題である。こうした実態が人財を重視しない、また人件費をコストと見る経営に走る根源である。

加えて言えば、預貯金や土地・建物といった資産は、金融機関からの借り入れの担保になるが、最も価値ある資産である社員という名の人財は担保にならない。こうしたことが、人を大切にする経営がなかなか理解されない所以である。

ではどうすれば、企業経営の最大経費である「人件費」をコスト・経費ではなく、「資産」と評価する経営学を確立することができるのであろうか。夢のような話ではあるが。

その一つは、社員を「人的経営資産」と価値評価し、貸借対照表の資産の部、例えば固定資産の欄に計上する方法である。

その金額は、社員一人一人に支払う予定の生涯賃金の総和である。もとより、その中には福利厚生の企業負担分や、支払われる予定の退職金も合計することは当然である。

周知のように貸借対照表は借方・貸方一致の原則があるので、負債の部にも同様の金額を計上しなければならない。もとより一年以内に退職予定社員は流動負債の欄に、そして一年以上在籍予定社員は、固定負債の欄にその金額を計上するのである。

つまり負債の欄に計上することにより「人への責務」、「人は社会からの預かりもの」という理解・認識を高めるためでもある。

当然ではあるが、人的経営資産という勘定科目は、社員の新たな入職により、また離職により、毎年増減する資産である。

負債の部には計上せず、資産の部にだけ計上するというやり方も考えられるが、そうすると資産勘定や総資産の部が巨額となってしまい、実態との遊離が危惧されるからである。

ともあれ、「人」をコストではなく最大の資産、という認識の普及が必要であろう。

4 役員の報酬

先に述べたように、筆者が審査委員長を務める「日本でいちばん大切にしたい会社大賞」という名の顕彰制度がある。この賞は人、とりわけ五人をトコトン大切にする経営を行う企業、五人が幸せを実感する経営を行う企業を増加させるために創設された、間違いなく日本でいちばん審査の厳しい企業顕彰制度である。

この賞は第一次審査項目だけでも五〇項目あるが、業績等、いかに優れていても、また総合点がいかに高くても、人を大切にする経営という視点から見て、とりわけ重要な項目の一つでも劣悪であると表彰しない。

例えば「社員の転職的離職率が一〇％以上の企業」「社員一人当たりの月間所定外労働時間が三〇時間以上の企業」「労働環境や福利厚生施設が劣悪の企業」「社員の給与が平均と比較し著しく低い企業」等、いくつかあるが、その一つが、本項目の「役員の報酬のレベル」である。

より具体的に言えば、役員の報酬が世間常識から見て異常に高い企業は表彰しない、というものである。その企業の業績がいくら高くとも、またその企業の支払い能力がいかにあったとしても、そうした企業経営は評価できないと考えているからである。

先日もその審査会が開催されたが、その一社に役員報酬が約一億二〇〇〇万円という企業があった。

さらに調べると、その企業の役員は二名であり、単純に割り算すると役員一人当たりの報酬額は六〇〇〇万円であった。

業績は一〇％以上の利益の企業であり、その支払い能力も十分あることは確かであるが、一般的に言えばこの優良企業を、審査委員会では全会一致で選定しなかった。

ところで、社員の給与が高すぎて表彰しなかった企業は、これまでないが、これまた異常に高い給与の企業は問題である。具体的には三〇歳で年収（除く所定外給与）七〇〇万円とか、四〇歳で年収が一二〇〇万円といった企業である。

こうした異常な給与は、社員の心身だけではなく、セルフコントロールができない人は、次第に生活を蝕んでいくからである。つまり、社員の給与もまた、世間相場を意識しながら、また生活給をベースにしながら、ほどほどに支給することが良いと思われる。

しからば、本項目の主題である役員の報酬は、どの程度が妥当なのであろうか。

それを述べる前にまずは、わが国企業の役員の報酬を各種データから少し見てみる。「役員報酬サーベイ二〇一八年度」によると、東証一部上場企業の社長一人当たり報酬は、総額で五五五二万円、取締役は二一六〇万円、そして社外取締役は七五六万円である。

欧米の企業と比較すれば、低いとはいえ、圧倒的多数の社員、とりわけ中小企業の社員のそれと比較すれば、社長の年収は一〇倍以上の格差がある。

ちなみに「役員四季報二〇二〇年度版」を見ると、上場企業三七四〇社の総役員四万一〇七一人の中で、一億円以上の報酬を得ている役員は五〇五人である。

より詳細に見ると、一〇億円以上が一〇人、一般サラリーマンの生涯給与と言われる二億円より多い人が二〇五人である。

余談であるが、日産自動車の前取締役であったカルロスゴーン氏は一六・五億円だった。ともあれ、役員報酬の中には退職慰労金なども入っているとはいえ、社員感覚・庶民感覚でみれば、異常な高額報酬であるといっても過言ではない。

では、わが国企業の圧倒的多数派である中小企業の社長の報酬はどうであろうか。様々な調査資料があるが、一八〇〇万円から二〇〇〇万円というものが多い。

ちなみに、筆者の親しいある会計事務所が毎年発刊している資料を見ると、回答のあった一三〇〇社の総平均は一〇〇〇万円であった。

より細かく言えば、結果は上は五〇〇〇万円から、下は四五〇万円まで、大きくばらついてはいるが、回答企業の総平均は一〇〇〇万円だったのである。

ちなみに、最も社長の報酬が多かったのは五五〇万円で全体の二五％を占めた。以下一二〇〇万円が全体の一二％、そして七〇〇万円が全体の一〇％等であった。

意外なのは、赤字企業の社長の報酬金額であるが、総平均は八〇〇万円、一〇〇〇万円の報酬を得ている企業が二％あった。

社長の報酬額は、いくらが正しいかは難しい。その意味では、自然か不自然かも併せて考えることが重要である。つまり、「社長は社長という名の役割を果たす社員のことである」「企業は社会皆のものである」という視点である。

より具体的に言えば、社長の報酬もまた、労働の対価であるということである。こうしたことを踏まえつつ、一般社員の給料と比較しながら、算定されるべきである。

つまり、社員と比較して、どのくらい多く仕事をしているかである。例えば、新入社員で言えば、その年収は、残業時間を除き、およそ三〇〇万円前後である。

しかしながら、社長は新入社員のように朝八時に出社し夕方一七時に退社し、その後は自分の時間というものではない。

まともな社長であれば、三六五日、二四時間仕事のことが頭を離れないだろうし、時には夜中に飛び起き、明日の経営のためにメモを取ることもある。

仮に年間休日が一二〇日とすると、社員の勤務日は二四五日、これに一日の八時間をかけると、総実労働時間は一九六〇時間程度となる。一方、社長とは言うと、三六五日×二四時間で八七六〇時間前後となる。もとより、時間外労働や、祝祭日出勤は割増賃金となるが、社長の寝る時間や私的な時間等もあり、相殺される。

こうして考えると、質はともかく量だけ見ると、新入社員の五倍程度働いているということになる。もとより最高で、である。その意味で言えば、そんなにも長くは経営のことを考えず、行動していない社長、仕事とはいえ、ゴルフや飲食が大半という社長は、五倍の価値はない。

それゆえ、もしも新入社員の年間給与が三〇〇万円程度であれば、適正報酬は、高くても概ね一五〇〇万円前後が妥当、自然の摂理にかなっているのではないかと思われる。

その企業の支払い能力や業績も考慮されるとはいえ、三〇〇〇万円とか五〇〇〇万円という報酬は、どう考えても算出されない。

その意味で、あえて言えば、もしも二〇〇〇万円程度の報酬が欲しければ、新入社員の年収を四〇〇万円前後にしなければならないということになる。

筆者の良く知る経営者の中に、社員の給与の方が、社長より高いという会社は少なからずある。また障がい者の給与を増加させるとともに、障がい者の雇用を拡大するため、自身の給与を五〇〇万円程度にしている経営者も少なからず存在する。

中には支払い能力もあり、業績も高く、社長自身が最大の功労者でありながら、報酬額は一〇〇〇万円程度以下の経営者もいる。

かと思うと、異議ありと言いたくなる経営者も少なからず存在する。先日、機会があってお伺いした企業の社長の報酬額は三〇〇〇万円であった。加えて言えば、発行株式のほぼ全額は社長個人であり、その配当額も莫大であった。

その社長に新入社員の時間外手当を除いた年収を聞くと三〇〇万円前後であった。それどころか、障がい者手帳を持った社員の給与は、最低賃金の除外申請をしていたのである。正直、呆れてものが言えなくなってしまったばかりか、一日も早く、正しい経営に気づいて欲しいと思った。

ともあれ、世の中には自然と不自然がある。「いいかげん」ではなく「いいかげん」「ほどほど」という言葉がある。誰にも後ろ指さされないような報酬額を定めるのが望ましい。

こういうと、経営者の中には、「自分は保証人となり自宅も担保に入れている。倒産したら身ぐるみはがれてしまう。雇用した社員はそんなことにはならない。だからこそ、ある程度報酬をいただくのは当然…」という人がいる。

しかしながら、こうした見方・考え方は誤解・錯覚・甘えである。あえて言えば、自然の摂理にあった、正しい経営をし続けることこそが、経営者という仕事を選んだ人間の宿命だからである。

そうした価値観が嫌ならば、経営者になるな、経営者を返上しなさいと、あえて言いたい。

加えて言えば、大幅な環境悪化により、業績が大きく低下した場合、社員をリストラしたり、社員の給与を大幅に削減する経営者もいるが、これまた間違っている。まずは経営者自身の報酬を半分以下にし、社員とその家族の命と生活を守るのが当然である。

5 健全な赤字・不健全な黒字

利益の実現は、企業経営の目的ではないが、必要不可欠である。利益を実現できず赤字経営に陥れば、納税責任を果たせなくなるばかりか、かけがえのない地球資源が活かされなかったことになるからである。

より重要なことは、赤字が長期化すれば当然、その企業は倒産または廃業を余儀なくされる。そうなると、企業の雇用責任を果たせなくなるばかりか、多くの人々に多大な迷惑をかけてしまう。

では赤字は許されないのかというと、けっしてそうではない。天災地変や予想だにしなかった経営環境の激変により、企業の業績が大きく変動する場合も、残念ながらある。問題は、こうしたときの対応の仕方である。つまり企業経営においては、許される赤字と許されない赤字の二つがあると言える。

許される赤字とは、経済環境の激変が発生し、一般的にはリストラに走るが、逆に社員やその家族の命と生活を守ることを最優先した結果としての赤字である。対外的なことを気にするあまり、黒字を出すためにリストラをするなど、もってのほかである。

一方、許されない赤字とは、経営者の安易な経営により、平時においても利益を出せず、赤字経営となるケースである。そのケースを少し述べる。

A社は、過去三〇年以上、黒字経営であったが、予期せぬ天災地変で大打撃を受け、経費の大幅な削減をせずして、黒字経営は不可能になってしまった。A社の社長は、企業の最大コストである人件費のカットなくして黒字経営の持続は困難と、社員に対し希望退職を募り、なんとか帳尻を合わせた。

B社も、まったく同じ状態に陥ったが、「会社は家族、喜びも悲しみも苦しみもともに分かち合うことこそ正しい経営。誰かの犠牲の上に成り立つ経営は欺瞞」と考え、退職者を募集せず、大幅な赤字を計上した。

それどころか社長をはじめ、役員、幹部社員の給与を大幅にカットした。しかし一般社員の給料は、一円もカットしなかった。

筆者に言わせれば、A社の黒字は不健全であり、B社の赤字は健全である。さらに言えば、役員の給与が高すぎる結果としての赤字経営、逆に社員の給料が低すぎる結果としての黒字経営も同様である。

企業の決算状況がどうであれ、決算書は全社員への開示が望ましい。それにより、社員自身が企業の赤字や黒字の意味を正しく理解・認識してくれるからである。逆に、開示しない場合、不信感を招いてしまうことになる。

ここで、エピソードを二つ紹介しよう。

第一は、大阪市にあるA社である。リーマン・ショックで売上高は前年比七〇％も減少し、大幅な赤字を余儀なくされた。それでもA社の社長は、ボーナスをあてにして生活設計をしている社員がいるかもしれないと、赤字幅がいっそう拡大するにもかかわらず、半額とはいえボーナスを出すと全社員の前で説明し、「半分は会社の借金です」と話した。

会議終了後、何人かの社員が社長の座る椅子を取り囲み、代表格の女子社員が、「社長、なぜこんなときにボーナスを出すのですか。いまの状態で出せるはずはありません。社長、会社を潰す気ですか。私たちの大好きな会社、私たちの大好きな仲間のいるこの会社を、社長の見栄で潰さないでください」と大声で話した。

第二は、熊本県にあるB社である。やはりリーマン・ショックで売上高は前年比七〇％もの減少となり、大幅な赤字を余儀なくされた。B社の社長は全社員を前に、「誰一人として辞めさせない。たいした金額にはならないかもしれないが、回復するまで私の給料を一ドルにし、社員の給料に回しますので、これからもずっとこの会社で働いてください」と話した。この話を聞いた全社員の合言葉は「社長の給料を元に戻そう」であった。結果、B社の業績は全社員の懸命な努力により、わずか半年で元に戻った。

6 生産性とその低下要因

生産性は効果÷投資や、算出÷費用といった式で求められる。この場合の投資や費用は、人や時間あるいは原材料や設備などであり、また効果や算出とは、売上高や付加価値額、あるいは利益額のことである。

企業でよく利活用される生産性は、社員一人当たりの売上高である「売上高生産性」、社員一人当たりの付加価値である「付加価値労働生産性」あるいは、社員一人当たりの利益額である「利益生産性」等である。

この三つの生産性の中で、多くの企業が最も重視しているのが付加価値労働生産性である。付加価値の計算方法はいくつかあるが、最も一般的なのは売上高から外部購入価値といわれる、原材料費や外注費を差し引いた残りである。

流通業やサービス業の場合は、一般的に売上高から仕入高を差し引いた売上高対総利益を粗利、つまり、付加価値と言っている。

ちなみに、わが国製造業の付加価値労働生産性を「工業統計（二〇一八年）」で、計算すると、業種により大きくばらついているが、製造業全体では一三四一万円である。ただ、従業員規模による格差は歴然としている。

例えば、従業員数「四人から九人」規模では六四二万円、「一〇人から一九人」規模では七八五万円、「二〇人から二九人」規模では八七二万円、「三〇人から四九人」規模では九二〇万円である。これに対し、「三〇〇人から四九九人」規模では一六八八万円、「五〇〇人から九九九人」規模では一六四四万円、そして、「一〇〇〇人以上」規模では二一八六万円等となっている。つまり規模により、その生産性は大きく異なる。

国ベースでその生産性を見たのが、国民一人当たり国内総生産額、つまり「一人当たりGDP」である。GDPそのものは、発展途上国や未開発国はともかく、人口規模にほぼ比例する傾向があるが、国民一人当たりGDPは、無相関である。

事実、近年の世界の上位国はルクセンブルク、スイス、アイルランド、ノルウエー、そしてアイスランド等といった、総じて人口規模はそれほど大きくない国である。

ともあれ、近年、わが国においてその生産性や、その向上が議論されることが多くなったが、その背景は、わが国の国民一人当たりのＧＤＰが絶対的にも相対的にも、他国と比較し劣位化してきているからである。

例えば国連やＩＭＦが定期的に発行している統計を見ると、二〇〇〇年当時、世界第二位であったわが国の生産性は、二〇一〇年には第一七位となり、そして、二〇一九年には第二五位前後に後退してしまっている。

ちなみに、アメリカは第七位、ドイツは第一八位、カナダは第一九位、イギリスは第二二位、そして、フランスは第二三位である。

逆に、今や世界第二位の経済大国となった中国はというと、一九九〇年が第一三五位、二〇〇〇年が第一二九位、二〇一〇年が第一〇〇位、そして二〇一九年は第六九位にまでランクアップしている。

ちなみに二〇〇〇年から二〇〇八年の八年間で中国の生産性は二・五倍、アメリカは三四％増、ドイツは二〇％増なのに対し、わが国は、逆にマイナス一〇％である。

わが国はすでに二〇一〇年にＧＤＰそのものも中国に追い抜かれているが、現状で推移すると、あと一五年前後で、生産性の面でも中国に追い抜かれてしまう。

こうなると、かつてわが国企業は、中国を下請生産基地のように利活用したが、将来は逆にわが国が、中国の下請生産基地になってしまうかもしれない。

ともあれ、近年のわが国の生産低下は深刻なのである。

こうした低い生産性や、近年の伸び悩みどころか低下している要因は多々ある。その一つの要因は、社員のモチベーションが、他国と比較し著しく低下してしまったからだと思われる。このことを証明する調査は多々あるが、その一つ、二〇二〇年に実施された「五カ国リレーション調査」（リクルートワークス）でもこのことが明確に示されている。

この調査で、「仕事に充実感を感じ、のめりこんでいますか」という質問があるが、これに対し、「ハイ」と回答した割合は、アメリカが七六%、フランスが六四%、デンマークが六一%、そして中国が八三%に対し、わが国はわずか一九%に過ぎないのである。

また、「会社で自分のスキルと才能が尊重され、活かされていますか」という質問に対し「ハイ」と回答した割合は、アメリカが七六%、フランスが六四%、デンマークが六一%、そして中国が八三%に対し、わが国はわずか三〇%に過ぎないのである。

さらに見ると「会社の経営理念の共感していますか」という質問に対し、「ハイ」と回答した割合は、アメリカが六六%、フランスが五四%、デンマークが五二%、そして中国が五五%に対し、わが国は二一%に過ぎないのである。

わが国企業は理念経営の先進国等という人もあるが、それはまるで化石のような話である。

他の調査結果を見ても同様で、近年のわが国社員の働きがいや、モチベーションは著しく低下しているといわざるを得ないのである。このことを改善しない限り、わが国の未来は暗いといっても過言ではない。

なぜ、近年これほどまでに若い社員の働きがいやモチベーションが低下してしまったのであろうか。「豊かさの貧困」ではないが、物的に豊かになった日本人の起業家精神の希薄化もあるが、それが根本原因ではないと思われる。

それ以上に問題なのは、企業経営のリーダーたちの経営の考え方・進め方が、多くの社員の支持を得ていないばかりか、やる気を喪失させてしまっているからである。

数年前のことであるが、著名な大企業の人事課長であった人が話してくれた。「経営の失敗で大幅な業績低下となってしまい、役員から約五〇名の社員の首切りを指示された。

一人ひとりの社員に面談をし、要望・意見を聞いたが、誰一人、首切り等望んでいないし、また、されるようなことをした社員もいなかった。

役員から名簿の催促をされ、悩んだ末、最終的に人事課長である自分一人の名前を書いて役員に提出した。その後、役員に呼び出され、君は危険人物だと叱責され、子会社への出向を命じられた。

危険人物は人事課長ではなく役員なのである。こうした役員が評価されている限り、わが国企業の再生は不可能である。

これまた数年前のことであるが、日本を代表する著名企業の管理職十数名の方々と情報交換をする機会があった。

その折、筆者は「ところで皆さんは、ご自身の持っている能力の何％程度を、所属し給料をもらっている会社のために発揮していますか…」と質問をした。

その平均は何と一〇％から二〇％だった。これでは生産性が高まるはずはないのである。

余談であるが、その理由を聞くと「本領を十分発揮する場がない・権限がない」、どころか、「あほらしい…」等と、回答した人が多かった。

伝家の宝刀「政宗」で、まるで毎日、豆腐を切らせるような仕事をさせている…、「もったいないな…」と言わざるを得なかった。

7 正しい生産性向上

近年、生産性向上に関する議論が再び活発化している。GDPこそ依然、日本は世界第三位とはいえ、このおよそ三〇年間、ほとんどその伸びが見られないからである。人口一人当たりのGDPも伸び悩んでいるばかりか、近年はマイナスであり、前述したように、一九九〇年当時、世界第二位であったものが、今日では世界第二五位前後に後退してしまっている。ちなみに二〇一八年の日本の国民一人当たりGDPは約三・九万ドルであるのに対し、アメリカは六・三万ドル、ドイツは四・八万ドル、そして中国は一・〇万ドルにまで高まってきている。

すなわち生産性という面で、いまやわが国は、世界の二流国家となりつつある。こうした現状を踏まえれば、産業界はもとより、国を挙げて生産性向上に取り組んでいくことは当然と言える。

いまさらな話だが、生産性とは投下資本に対する効果度、業績寄与度、あるいは、かけた費用に対する効果度を言う。投下資本とは、経済学的に言えば投入した資本であり、この値が一を大きく上回れば「生産性が高い」となり、一を大幅に下がれば「生産性が低い」となる。

それゆえ生産性を向上させるには、分母である「投下資本」を限りなく小さくするか、分子である「産出・効果」を限りなく大きくするしか方法はない。「投入」されるものは通常、機械設備や使用土地面積、労働力を指す。

分析に最も使用されるのが労働生産性で、分母は「労働者数」や「労働時間数」、あるいはそれを金額に直した「人件費総額」などである。分子は「生産高」や「売上高」、あるいは「利益」などである。つまり分母である労働費用を可能な限り縮減し、分子である「売上高」や「利益」を可能な限り大きくすることが、これまでの生産性向上の常識である。

しかしながら、今日なお、こうした古いやり方を行う、それればかりか一段と強化するような経営をしたならば逆効果になる。加えて企業経営の最大・最高の使命である、関係する人々の幸せの実現が困難となり、多くの人々を苦しめ、不幸にしてしまう。

その意味では、新しい生産性向上運動が求められていると言える。すなわち関係する人々の幸せの実現に寄与する、生産性向上運動である。具体的には分母（労働者数など）を削減するのではなく、分子（生産高など）を高める生産性向上である。

ただし、たんに分子の極大化を図ったならば、分母である従業員への間違った労働強化や、「五方良し」どころか企業、つまり「一方良し」の効果・業績を重視することになる。結果として離職を増大させ、顧客満足度を下げることになり、長期に見れば、企業の生産性を下げてしまう。

これに対し、「新しい生産性向上運動」とは、分母である労働の「質」を高めるとともに、分子である売上げや利益も「量」ではなく、「質」を高める生産性向上運動である。

分母である従業員の「質」を高める生産性とは、全従業員の「人材」から「人財」化への転換である。具体的には、対応型人材から創造型人財、提案型人財の確保・育成である。

分子の生産性向上は、開発力、ブランド力、商品力、情報力、サービス力、そして財務力を高め、自社の競争力の源泉を価格型から非価格型に変化・変貌させることである。つまり価格競争・値下げ合戦に陥らない、「値決め権」を持った自主独立経営の実現である。

こうした新しい生産性向上にパラダイムチェンジできない企業は、外部環境の悪化・変化ではなく、内部崩壊によって撤退を余儀なくされる。

第6章

人財経営

1 企業の盛衰は人財が決定する

すでに述べたように、企業経営の三要素は「ヒト・モノ・カネ」あるいは「人財・技術・情報」と言われる。しかしながら筆者は、企業経営はすべて「人」にかかっていると考える。あえて三要素と言うなら、「経営者・管理職・一般社員」である。

「ヒト・モノ・カネ」「人財・技術・情報」は本来、並列概念ではない。上下概念である。つまり人財以外は、すべて人財のための資源、道具に過ぎないと理解すべきである。

ところで筆者はかれこれ四〇年以上前から、「人材」という漢字を、あえてすべて「人財」と表記している。いまでこそ少なくなったが、原稿の校正のたび、赤ペンで「人財」を消され「人材」と訂正されることが大半であった。

なぜ「人財」と書き続けているかと言うと、人は材料ではあるまいし、材と書くから人財を「軽薄短小」がよいと、誤解をさせてしまうからである。人財は材料ではなく企業の最大の財産なのである。

このことは「障がい者」に関する記述もそうである。「障害者」とか「障碍者」と書くのが一般的であるが、筆者はあえて「障がい者」と書き続けている。これまた当然である。障害物と同じ「害」の字を使うことに筆者は違和感を覚える。

ヒトを、モノやカネと並列概念で評価・位置づけると、人財をモノやカネ、あるいは情報などと同様の「経営の手段」と捉えてしまう。そして他の経営資源・手段と並ぶ「選択肢の一つ」と考えてしまうのである。

結果は膨張経営や業績第一義経営に陥り、都合が悪くなると、リストラや理不尽な取引の強要に走るのである。こんなことを繰り返していたら、その企業の存続が危うくなるのは当然である。

まさに企業の盛衰は、人財いかんなのである。しかもそれは圧倒的多数の「一般社員」という名の人財ではなく、ほんの一握りの「経営者」や「管理職」という名の人財力である。経営者や管理職の人格・識見・能力と、彼ら彼女らの経営の考え方・進め方こそが、結果として圧倒的多数である一般社員の人財力格差をもたらしているのである。

いい企業の経営者や管理職は、自身の最大の仕事・使命を、部下（フェローあるいはメンバー）を育成し、幸せにすることと心得ているからである。

余談であるが、筆者が提唱する「管理者語録」の一つを以下に紹介しよう。

管理職たる者は、つねに部下に対し、組織がお客様の満足と幸せのために果たすべき目標を高く掲げ、明確に示さなければならない。

その実行に際しては、可能な限り権限の委譲を行い、部下がつねに最高の状態、最善の方法で職務に専心できるよう、よい環境を準備するとともに継続的にサポートしなければならない。そして彼ら彼女らが成長したならば、邪魔にならないようにもしなければならない。つまり管理職の最大の使命と責任は、部下を管理（マネージ）することではなく、支援・リードすることにこそあるのである。

しかしながら官民を問わず、さまざまな組織体における管理職の言動をじっと観察していると、残念ながら、このことを十分理解し、かつ実践している真の管理者があまりにも少なすぎる。企業や自治体に依頼され、全国のさまざまな組織体を訪問する機会があるが、ここで見聞きする管理職の言動が、そのことを証明している。

彼らは話が組織の人財問題に移るやいなや、わが意を得たりとばかり、「そうなんです。わが企業（地域）には、先生がおっしゃるような起業家的才覚を持った積極果敢な人財がいません。そこが最大の問題なのです…」と、苦虫を噛み潰したような顔で発言をするのである。

筆者の観察では、人財のいない企業や地域など全国に一つもない。神様は、バランスのとれた地域社会や企業社会の形成と発展を願い、人財をじつにバランスよく配員しているように思う。全国どこでも、どのような組織体でも、人財は結構いるというのが、偽らざる実感である。

しからば何ゆえ、相も変わらず管理職の多くが人財不足・人財不在発言を繰り返すのであろうか。また現実問題として、いい企業には人財が極めて豊富であるにもかかわらず、二流組織には人財が決定的に少ないのであろうか。

答えは簡単である。いい企業においては、好・不況にかかわらず、三六五日、起業家的人財（創造的人財）の確保に注力している。加えて、よい人財たらんと意気込む人々をあらゆる機会を捉え、発掘・発見する努力を行っている。いざ発掘・発見したら、彼ら彼女らにチャンスを与え続けているからである。

ややもすると組織の常識を逸脱、出すぎてしまい、とかく組織からは変わり者、尖っていると嫌われがちである。こうした個性派人財を、つねに温かく見守り、万が一の場合は、その努力と前向きな行動を全面的にバックアップする見えざる手が、職場の中で完璧に機能しているのである。

いい企業に、もともと人財が豊富にいたわけではない。普通の人々を素晴らしい人財に変身させてしまう、見事な組織風土、企業文化が形成されているのである。

しかしながら、二流の組織体は、まったく逆である。せっかく人財たらんと頑張る人々が目の前にいるにもかかわらず、「生意気だ。自分には理解できない」とばかり、チャンスを与えない。それればかりか聞く耳すら持たず、逆に「管理・慣例」という名の冷たい刃物で、みすみす殺してしまっているのである。

その意味であえて言えば、官民を問わず、組織活性化の最大のキーマンは、圧倒的多数の第一線の現場スタッフそのものではない。少数の管理職であり、その人財育成力・人財発掘力・人財評価力にかかっているのである。

2 働きがいを高める経営

近年、「働き方改革」という言葉がよく使われるようになった。それもそのはず、厚生労働省をはじめ、さまざまな調査機関の「働きがいに関するアンケート調査」を見ると、いま働きがいを感じている人の割合は、五〇%前後しかなく、半分の人は、働きがいを感じず働き、生きているからである。人は、幸せになるためにこの世に生を享け、しかも、人生の大半を働くことに費やしているにもかかわらず、このような数字になるとは、極めて深刻な問題である。

人の幸せは「人の役に立つこと」「人に必要とされること」「人に褒められること」「人に愛されること」の四つと言われる。これらはすべて、一生懸命働かなければ得られないものである。それなのに働きがいを感じられず、日々を過ごしている人々が、なんと半数近くいるのである。

筆者らの研究では、働きがいを感じる社員の多い企業の業績は高く、逆に社員離職率は低い。企業経営の目的・使命は、社員とその家族をはじめとした関係するすべての人々の幸せの追求・実現であることを踏まえれば、働きがいのある職場づくりこそが、経営学の中心と言える。

では、働きがいのある経営をするには、どうすればよいのか。それは人間の働きがいを醸成する、五つの条件を充実・強化することである。

第一は、いい職場の存在である。いい職場とは、正しい経営をしている企業、人を大切にしている企業、社会貢献に熱心な企業、ぬくもりのある企業、外部の人に「いい企業に勤めていますね」と言われるような企業を指す。いい職場に所属しているだけで、働きがいは高まる。

第二は、いい仕事の存在である。いい仕事とは、その仕事を通じて、自分が成長できる実感が湧くとか、その仕事が世のため、人のためになると思われるとか、仕事が楽しいとか、人からお礼を言われるといった仕事である。

逆に、その仕事に価値を見つけることができない場合、働きがいなど感じられない。たとえいい職場であっても、毎日の仕事がつまらなければ働きがいは高まらない。

第三は、いい上司の存在である。

いかにいい職場、いい仕事であっても、職場の上司の姿勢や、その関係性に問題があったならば、働きがいは醸成されない。パーソル総研の調査（二〇一九年）によれば、上司への満足度は諸外国の七五％と比較し低く、五〇％しかない。

ともあれいい上司とは、信頼できる人、誇りに思える人、尊敬できる人、目標にできる人、そして、敷居が高いのではなく、近い存在の人である。

会社全体には不平・不満を感じても、いい上司によって働きがいが高まる社員がいることも事実である。

第四は、いい仲間の存在である。いかにいい上司がいたとしても、日常的に仕事を一緒に行うチーム、仲間との関係がギクシャクしていたら、働きがいは低下する。それどころか、毎日出社すること自体が辛くなる。

いい仲間とは、連帯感や仲間意識が強く、助け合える、人柄のよい、まるで兄弟姉妹のような人である。いい仲間がいれば、たとえ仕事が大変だったとしても、上司との関係性がギクシャクしていたとしても、救われる気持ちとなり、また頑張ろうという気持ちが湧くのである。

そして第五は、いい家族の存在である。これまで述べた四つの条件は、いずれも企業を通じての働きがいの醸成である。この四つすべてがそろっていたとしても、真の働きがいが醸成されるわけではない。最も重要なのは、その社員の生活の拠りどころであり、支えである家族・家庭の存在である。つまり、いい家族・いい家庭がなければ、真の働きがいは醸成されないのである。

家族に後ろめたさを感じながら、仕事に就いていても長く続かないし、何のために働いているのか価値が見出せない。社員の働きがいを高めるためには、企業の魅力度アップ対策だけではなく、企業が、いい家族・いい家庭づくりにまで、注力する経営が重要なのである。

ここにこそ、筆者が「企業経営の目的・使命は、社員とその家族の永遠の幸せの追求・実現」という意味がある。

3 制度より風土

人財が集まり・育つ経営、社員が働きがいのある経営をするためには、そのための制度の創設や充実・強化も重要であるが、より重要なのは組織風土・社風である。いくらいい制度が用意されていても、それが社員やその家族にとって使い勝手が悪かったり、利活用が進んでいなければ、その制度は形骸化していることになるからである。

また、多様な生活スタイルで暮らす社員全員を満足させようと考えるなら、一〇〇人の社員がいれば、おそらく一〇〇の制度が必要になる。

こんなことをしていたら、企業の中は制度・ルールだらけとなり、かえって企業内にギスギス感がはびこってしまう。制度は基本的なこと、原理・原則的なことにとどめ、運用は風土で推進するのがよい。

例えば、近年の有給休暇の取得状況を見ると、取得率は全企業を平均して約五〇％である。制度では一〇〇％与えられているのに、消化率は半分しかないのである。

最大の理由は、自転車操業経営で社員が簡単には休めないという、経営サイドにも問題があるが、もう一つ、有給休暇を取得しづらい職場風土にも大きな問題がある。

かつて大阪の中小企業T社の社長から、有給休暇や特別休暇に関して、以下のような話を聞いた。

社員であるBさんが直属上司であるC課長に、「来週の月曜日、一人息子の小学校の入学式がある。どうしても参加したいので休ませてほしい」と申し出た。するとC課長は、「それはおめでとう。参加したい気持ちはわかるけど、Bさんが知っているように、いまは生産がピークで、猫の手も借りたいくらい忙しい。できれば出社してくれるとありがたい…」と渋った。Bさんは、「わかりました。残念ですが、会社が大事だから仕方がありません。課長、安心してください。来週月曜日も出社しますから」と聞き入れた。C課長は、「すまんな。また穴埋めをするから」と言った。

この話が、風の便りにT社の社長に伝わった。T社の社長は、怒り顔でC課長を呼び、「有給休暇は社員の権利である。Bさんの子どもの小学校の入学式は、人生で何回もあるのか。会社の仕事と、人生で一回しかない愛する子どもの行事と、どちらが大切なのだ。Bさんを休ませてあげなさい」と叱った。

そして、「生産は心配するな。自分（社長）が久方ぶりに現場に入るから…。下手だから教えてくれ」と、最後は笑い顔で話したという。

このケースは休暇を申請したBさんにも、また「できれば出社してほしい」と言ったC課長にも、けっして非があるわけではない。問題は制度があるにもかかわらず、制度を守ることに対する風土が十分形成されていなかったことにある。

これを機にT社の社長は、制度の充実・強化だけでなく、社員一人一人を大切にする風土づくりに注力していった。これは、それが可能な「腹八分経営」「ワーク・ライフ・バランス経営」と言われる経営への変革でもある。

その結果、いまやT社では、子どもの入学式や卒業式をはじめ、家族の大切なメモリアルデーに、休暇を申請しない社員はゼロである。

もう一社は、長野県のI社である。当社の本社敷地には、四季折々の花が咲き誇り、いつ行っても絶景である。花木はいつも手入れされ、朝はごみ一つない美しい空間である。

当社に掃除や庭の手入れをする業者が入っているからではない。社員たちが誰の指示を受けたわけでもなく、職人技術を身につけ、自主的に出かけ、掃除をしたり、花木の手入れをしているのである。もちろん、誰が参加したとか参加しなかったとか、誰が一生懸命で誰が一生懸命ではなかった、などと言う人は誰一人いない。社員たちにすれば、そんなことは、どうでもよいからである。

社員をそうした行動に仕向ける、細かい制度やルールが当社にあるわけではない。「いい会社をつくりましょう」という社是が、すでに企業風土になっているのである。

4 人財の確保・育成・定着

企業経営にとって重要な人財とは、高度な専門知識を保有していることはもとより、利益意識・コスト意識が高く、市場や社内外の人々を動かす企画・演出ができる、誠実かつ心優しい社員である。もっとはっきり言えば、新しい価値の創造ができる、正義感の強い社員でもある。こうした人財を継続的に確保していくためには、準備と努力が必要である。そのポイントは、次の三つである。

第一は、好・不況でブレない採用である。一年に二人でも、二年に二人でもよいが、好・不況にかかわらず、定期的に採用する。これは企業をつねにバランスのとれた年齢構成にするためである。

第二は、新規学卒重視の採用である。創業してから一〇年程度以内はともかく、それ以上の企業にあっては、採用は原則として新規学卒をベースとすべきである。そして中途採用は、新規学卒者の確保が不十分であった場合の補完としてとか、余人をもって変えることのできないような人財がいた場合に行うのがよいと思われる。

それは、創業当初は、新規学卒者の採用が困難なことに加え、まずは売上高確保が必要である。即戦力としての中途採用を求めるのは、当然のことと言える。しかしながら、一定期間、具体的には一〇年程度が過ぎ、経営基盤が確立できたなら、採用の中心を中途から新規学卒に変えるべきである。

それは後輩社員が先輩社員の背中を見て学び、先輩社員は後輩社員に触発され、尊敬される先輩になるよう、自らを鼓舞激励するからである。

社員間で、そのような関係を築くことが重要だからである。筆者は、これを「企業が持つ見えざる教育機能」と名づけている。

第三は、老若男女・学歴・国籍を問わない採用である。新規学卒者を採用する場合、男性とか女性とか、日本人とか外国人とか、工学部出身とか経済学部出身とか、有名大学出身とか無名大学出身とか、そういったことを重視すべきではない。

どんな世界もそうであるが、属性という曇ったメガネで人を判断すると、属性を超越した人財を見失ってしまうからである。こだわるのは属性ではなく、その人を採用することが自社の理念に合っているか否か、いい仲間になれる人か否かである。

また中途採用は、年齢やキャリアに過度にこだわらないほうがよい。とくに六〇歳を超すと、人によって、あまりにも大きな格差が発生するからである。

次に育成について述べると、いい企業の人財の育成に対する考え方・進め方は、景気期待型企業や好・不況に大きくブレる企業のそれとは大きく異なる。

それは、たんに教育・訓練に熱心というのではなく、経営理念に基づく人財育成方針を策定し、期待される人財像や個々人の役割を明確に示している点である。

そして場当たり的ではない、計画的・戦略的な人財育成システムを総合的に確立しているのである。まさにすべての社員が、より優れた価値ある人財になれるような、ハード・ソフトの仕組みや社風が存在するのである。

例えば先輩の言動、背中を見て学ぶことによるＯＪＴ教育、さらには業務知識だけではなく、人間力そのものを高めるＯｆｆ－ＪＴ教育や、自己啓発支援プログラムを充実させている、といった具合である。加えて言えば、金太郎飴的な教育ではなく、社員一人一人に合った個性尊重型の教育を行っているのである。

また、企業のあるべき教育時間は、所定内労働時間の五％以上が望ましいと思われる。つまり毎月、ほぼ一日分の教育である。筆者のこれまでの調査では、これが一〇％を超す企業も少なからず存在する。企業の成長は社員一人一人の成長の総和であり、社員の成長なくして企業の成長はあり得ないからである。

さらに言えば、教育・訓練の時間と内容の充実以上に重要なのが、以下のような視点である。

- トップや管理職の人格・識見能力を高める
- 経営情報のオープン化・共有化を図る
- 可能な限り、権限の委譲を行う
- 管理職の最大の仕事はメンバーの育成であると理解させる
- 学ぶことを尊重し合える社風の醸成
- 才よりも徳を高める教育の重視
- 背中で示す教育
- チャンスを平等に与える
- 適財適所
- 意義ある仕事の創出

などである。

もう一つ、人財の確保・育成で重要かつ大切なことは、確保し、育てた人財の転職的離職をなくすことである。近年の傾向では、入社して三年以内に、中学校卒は七割、高校卒は五割、大学卒は三割が転職すると言われる。いわゆる「七・五・三現象」である。せっかく確保した人財が次々とこぼれ落ちていくような「ザル的人財経営」では、安定的にその成果を高めることは到底できない。

最たる対策は、その企業に所属することの喜びを、かみしめられるような経営をすることである。

5 人財の評価

人財の確保と育成に成功したとしても、評価に失敗すれば、その人財は本領を発揮しない。そればかりか、チーム力を低下させ、やがて離職してしまう。

逆に評価に成功すれば、社員のモチベーションや企業への愛社心は、さらにはチーム力は飛躍的に高まり、結果として企業の業績を飛躍的に高めてくれる。このように評価は極めて重要であるが、現実はというと、総じて不十分である。

評価基準があるとはいえ、見る人の感性でどうにでも読める項目が多いからである。結果としてトップや管理職の感情的かつ独善的ともいえる、極めてアバウトな評価が幅をきかせているケースが多い。

また、評価で最も大切なことは、評価そのものではなく、評価を通じて、その社員をより価値ある人間にリードすることである。つまり、よりよい学習の方向や方法を示すことと言えるが、逆に評価により、モチベーションを大幅に下げたり、離職する社員も多い。

評価には当然、公平・公正が求められるが、異なる仕事の評価であるがゆえに、極めて難しいことも事実である。ましてや人間が人間を評価するのである。いかに明確な評価基準が整備されていても、評価する人の思いや考え方により、評価内容が大きく異なるのは当然である。

いかに研修による評価者訓練を講じても、あくまでそのケースに対してであり、違うケースになるとまた変わってくることにもなる。

評価の難しさを示す、三つのエピソードを紹介しよう。一つは、筆者が推薦枠のある県立大学で、面接官として入学希望学生への面接試験をしたときのことである。面接は三名の教員がチームを組んで、およそ三〇分行われる。面接に来たAさんは、筆者らの質問に、じつにてきぱきと答え、筆者らと堂々と渡り合い、面接は終わった。次のBさんは、ずっとうつむき加減で、筆者らの質問に窮することも、たびたびあった。

二人の面接の後、三人の教員で合否判定の打ち合わせをした。筆者以外の二人の教員は社会経験が一度もなく、大学・大学院でずっと研究生活を送り、ようやく大学に籍を得た学者先生であった。

年長である筆者が、二人にそれぞれ意見を聞くと、二人とも「Aさんは合格と思うが、Bさんは気の毒ですが、不合格ですね…」と口をそろえて発言した。理由は「Aさんと違ってBさんはおどおどしており、質問にも十分答えることができなかったから」と言う。

二人の先生に対して筆者は、次のように考えを述べた。「Bさんが少し口ごもったり、すぐに質問に答えられなかったことは事実です。しかし四〇代、五〇代の強面の教員が、射るような目つきで矢継ぎ早に質問すれば、口ごもったり、即答できないのは当然と思います。相手は一八歳の高校生です。むしろ、まったく動ぜず、質問にてきぱきと答える学生のほうが心配です。

私は面接に先立って、AさんとBさんの高校三年生の前半までの成績や出欠席状況を調べました。Bさんは、この二年半、一日も休まず通学していました。人間、誰だって病気になり、通学が辛いときもありますが、これで彼女が頑張り屋さんであることがよくわかります。ですから私は、Bさんは合格にすべきだと思います」

二人の教員は納得して、「私たちは大切な点を見落としていました。Bさんは合格にしましょう…」と言ってくれた。私は大学の面接試験において、何人、Ｂさんのような人を合格させたかわからない。私の発言がなかったなら、Ｂさんは不合格になっていたからだ。

次は、筆者がかつて理事長を務めていた団体の職員面接時のことである。欠員が生じ、一名募集したところ、一〇名の応募があった。書類審査で二名を選び、理事五名で面接をした。

Ａさんは五〇代、営業出身であることもあり、知見・行動力とも優れた人であった。Ｂさんは六〇代、静かな物腰の人で、質問以外のことはあまり話をしなかった。しかも自分には病気がちの奥さんがいて、看病や通院のお世話をするため、ときどき休むこともあるかもしれないと、自分が不利になることをはっきり言った。

二人の面接を終えた後、どちらを採用するかで、理事一人一人に意見を求めた。五人の理事は、いずれも「Ａさん」という意見であった。ここでも私は、次のように言った。「Ａさんの履歴書を事前によく見てみましたが、わずか一〇年間で七回も職場を替わっています。どんな事情があったか知りませんが、替わりすぎです。一方、Ｂさんは学校を出て六〇歳まで一つの会社を勤め上げ、以後は病弱な奥さんの世話をしながら働きたいと言っている。私たち法人が求め、必要とする人財は、Ｂさんのような心優しく徳のある方と思いませんか…」。結局、全理事総意でBさんを採用することにしたのである。

また神奈川県にある企業では、次のようなエピソードがあった。ここは障がい者の雇用を目的に設立された企業で、一名の採用枠に特別支援学校から三名の障がいのある生徒が面接に来た。A子さん、B子さん、C子さんである。C子さんは誰が見てもわかる、最も重い障がいのある生徒で、面接時も、ほとんどまともに答えることができなかった。

三人の面接終了後、社長が面接に参加した五人の幹部社員に意見を求めた。すると五人とも、「障がいの程度の軽いA子さんがよいと思う」と述べた。

社長は、末席に座り議事録をとっていた若い一般社員のDさんに、「Dさんはどう思いますか…」と参考までに意見を求めた。するとDさんは、「なまいきかも知れませんが、自分はA子さんではなく、C子さんを採用すべきだと思います」と答えた。

理由を尋ねると、「A子さんもB子さんも、わが社が採用しなくても、きっとどこかの会社で採用していただけると思います。でもC子さんは、私たちが採用しなければ、どこの会社でも採用してくれないと思います。

私たちの会社の設立目的は、C子さんのような人に働く喜び、働く幸せを提供するためだと思っています。私たち一般社員は、全力でC子さんを応援しますから、どうかC子さんを採用してあげてください…」と言ったのである。

つまり人の評価は、これだけ違うのである。しかしながら、この評価いかんによって、人のモチベーションは大きく変動するのである。

6 逆ピラミッド型経営組織

多くの企業の内部組織を見ると、「この組織は関係する人々の幸せづくりのための組織であろうか」と思えるものが依然多い。関係する人々の幸せの創造・実現というよりは、その組織の業績を高めるための、効果・効率を狙った、企業中心・企業優先の組織であり、上司にとって都合のよい組織と思えてならない。このことはライン組織であれ、スタッフ組織であれ、またファンクショナル組織であれ、同様である。

企業は誰のものか、企業の盛衰の決定権者は誰か、トップやミドルの使命と責任は何か、といったことから考えれば、組織図には当然の姿がある。それは組織図の底辺が一般社員で、最も上位が経営者という、いわゆるピラミッド型経営組織ではないはずである。

ピラミッド型経営組織においては、企業の盛衰を決定する顧客を、底辺の一般社員のさらにまた下に図示することになる。だが顧客こそ最も上位に図示すべきであり、ならば企業内組織の最上位は一般社員を図示すべきである。なぜならば、顧客に日常的に接したり、顧客が感動・感嘆・感銘するような価値ある商品やサービスの提案者・提供者は、一般社員だからである。

一方、ピラミッド型経営組織では、顧客はまるで企業のために存在する、企業に利活用させられるために存在する人々ということになる。

ピラミッド型経営組織が現代社会で通用しないもう一つの理由は、この組織図では、一般社員はもとより、ミドル層や経営層が自分の使命と責任を誤解・錯覚してしまうからである。底辺にある社員は、中間にあるミドル層を支え、その業績を高めることが仕事であり、ミドル層はトップを支え、トップのために働く存在と勘違いしてしまう恐れがある。

本書で繰り返し述べたように、トップ層の最大・最高使命と責任は、社員のモチベーションを高めることである。また社員の最大・最高使命と責任は、顧客満足度を高めることである。つまりミドル層やトップ層は、一般社員が働きがいのある職場づくりや、一般社員がより価値ある仕事にチャレンジするためのバックアップに最大の力と時間を注ぐべきなのである。

一方で一般社員はミドル層やトップ層ではなく、企業の盛衰を決定づける顧客に持てる力と時間を費やすべきである。

そこから考えれば、企業内組織はピラミッド型ではなく、それを逆さにした逆ピラミッド型経営組織こそ正しい組織図と言える。ピラミッド型経営組織は、上意下達こそが最重視される。これは軍隊のような組織では有効であるが、全員参加型経営や自立型人財こそが強く求められている近年では、逆に社員のやる気や思考能力を下げてしまう。

筆者はこれまで八〇〇〇社を超える現場を訪問し、そのつど、その企業の組織図を見せていただいた。逆ピラミッド型の組織図であった企業は、残念ながら数％程度であった。しかしながら、逆ピラミッド型組織図の企業は、ほとんど例外なく社員のモチベーションが高く、その業績も安定的に高かった。

余談であるが、かつて筆者は毎年ある県の教育委員会に依頼され、四月に校長となった先生に対する新任校長研修を行った。そのおり、「校長の使命と責任は、現在のピラミッド型組織を逆さに見ると見えてきます」と、いつも講義している。

数年前、講義の休憩時間に一人の新任校長が筆者のところに来て、こう言った。「先生、私がこの四月に着任した学校は、これまで勤務した学校とは、空気もそうですが、教職員の姿勢と考え方がまるで違っていました。引き継ぎのときは前任の校長が『これを読むといい』と言って、先生の書かれた何冊かの本をプレゼントしてくれました」。

その新任校長が語る着任先の学校は、まさに逆ピラミッドの組織であった。そして彼は最後に、「私は生徒やその父兄のために日夜頑張る教職員と、その家族の幸せのために、全身全霊を注ぐつもりです…」と言ったのである。

7 要は総務部門

企業は内部組織として、製造業であれば技術部門、製造部門、営業部門、そして総務部門があり、流通業であれば仕入部門、販売部門、そして総務部門が一般的にある。技術部門の最大の使命と責任は、顧客が感動・感嘆するような価値ある商品や技術の創造である。製造部門の最大の使命と責任は、Q.D.C、つまり良質な商品（クオリティ）のタイムリー（デリバリー＝納期）、かつ適正価格（コスト）での生産である。

また営業・販売部門は、技術部門が創造し、製造部門が生産した商品や技術を顧客にタイムリーに誠実に提案・販売することや、買ってくださった顧客をファン化し、リピーター率を高めるような感動サービスを実践し続けることが肝要である。

そして総務部門の使命と責任は、技術部門や製造部門、そして営業部門のメンバーが気持ちよく、価値ある仕事に専心できるよう、働きがいのある環境を整備することである。つまり企業内で唯一、顧客のための組織というより、他部署のスタッフの幸せづくりのための組織が総務部門である。その意味では総務部門は、他の組織を顧客と考えるべき唯一の組織と言える。

現実には、多くの企業において、総務部門の使命と役割がわかっていない。総務部門は本社の中枢であり、いかに他部門のメンバーをコントロールするかといった、上から目線で職務に取り組んでいる人々が多い。その結果、「総務部門に嫌われたら終わり」と考え、やたら総務に出入りする他部門のスタッフも多い。加えて言えば、そうした、いわゆるごますり型社員への評価は総じて甘く、あまり出入りしない他部門のスタッフの評価は低い。

企業の業績は、総務部門ではなく技術部門や製造部門、そして営業・販売部門のスタッフの能力、努力、モチベーションで決定する。このことを考えれば総務の最大の仕事は、他の部門のメンバーの働きがいづくりと言える。

そうなると、「総務部門のスタッフの言動いかんにより、企業の成績は決定する」と言っても過言ではない。企業は総務部門の使命と責任を再検討するとともに、才はもとよりであるが、それ以上に徳のあるスタッフを総務部門に配置することが望ましい。

さらに言えば、総務部門の評価は、いかに他部門を管理したとか、いかに他部門にミスをさせなかったかといったことではなく、他部門の成果と連動させるべきである。現場の業績がたいして上がらず、結果として現場のスタッフの賞与が減ったにもかかわらず、本社の総務部門のスタッフの賞与だけが多い、ということは許されない。

また、企業内の部門間でもめることは少なくない。例えば製造業の場合、その商品が売れないと、技術部門は「商品の製造や売り方に問題がある」と言い、製造部門は「開発した商品や、営業・販売部門の売る努力が足りない」と言う。営業・販売部門は「開発した商品や、コスト、品質に問題がある」と言う。

せっかく営業スタッフが受注したにもかかわらず、「すでに工程設計が終わっている」と言い、生産を拒む製造部門もある。こうした問題が起きるのも、総務部門の問題が大きいと思われる。

第7章

環境変化にどう対応するか

1　2つの変化・問題

変化には「一時的変化」と「構造的変化」の二つがある。好・不況などによる売上げの増減や、冷夏・猛暑といった自然的要因により発生する売上げの増減などは、一時的な変化と言える。

こうした変化は一時的・一過性であるがゆえ、その間はあまり乱暴な対策はとるべきではない。変化はあくまで需要と供給の一時的・循環的アンバランスによりもたらされたもので、経済の自然治癒能力によって、再び適正な姿に戻るからである。

にもかかわらず、稼働率を維持せんがため、無理な受注活動に走ったり、新たな設備投資を行ったり、あるいは、かけがえのない社員を「過剰雇用」という名でリストラをしたりすれば、結果として、その体質をより悪化させてしまうことは目に見えている。

その意味では、厄介なのは、もう一つの構造的変化であろう。その変化は、企業の拠って立つ存立基盤そのものを、根底から揺るがすからである。一時的変化のように、カンフル注射を打ったり、変化が通り過ぎるまで何もせず、じっと我慢をすればよいという変化ではないからである。

もしも、そんな対処をしていれば、その企業は、やがてジリ貧になっていくことは間違いない。毎年、多くの企業が倒産、あるいは廃業しているが、そのほとんどは一時的変化ではなく、構造的変化に対応できなかった結果と言っても過言ではない。

二つの変化及びそこから発生した問題への対処は当然異なる。一時的変化・問題は微調整でよいが、構造的変化に対しては当然、自社のビジネスモデルや経営構造の抜本的改革が求められるからである。

ただ厄介なことに、構造的変化と一時的変化は、別々ではなく、ほぼ同時に発生することが多い。また構造的変化は、一時的変化のようにある日突然、またある周期で必ず発生するという見えやすい変化ではなく、時間をかけ、じわりじわり変わっていくものである。つまり、うっかりしていると、一時的変化と構造的変化の見分けができなかったり、変化そのものを見落としてしまうのである。

人間の病気でも、同じことが言える。ときどき出る高熱の原因を、流行のインフルエンザと勘違いし、そのたび氷嚢で頭を冷やしていたが、じつはその熱は内臓疾患から発生する重大なシグナルであった、といったケースがこれである。

近年はやりの「ゆでガエル現象」も、これに当てはまる。はじめから熱いお湯の入っているビーカーにカエルを放り込めば、カエルはびっくりしてビーカーから瞬時に飛びだしてしまう。しかし、はじめは水であったビーカーに入れたカエルは、その後、下から徐々に徐々に水を温めても、事態の変化になかなか気づかない。気がついたときには、飛びだす力を失っているという話である。

その意味で言えば、一時的変化よりも構造的変化をとらえるほうが、はるかに難しく、また重大なことと言える。とはいえ、これはけっして困難なことではない。構造的変化は、ゆっくり着実にやってくる。もっとはっきり言えば、まるで弧を描くように、円を描くように、時間をかけ変化するからである。この事実が、構造的変化をとらえるためのヒントを我々に十分教えてくれる。

つまり求められるのは、過去と先進企業を徹底的に分析することである。過去の分析とは、わが社の存立基盤にとって重大な問題や現象を、少なくとも一〇年以上にわたって遡り、科学的データを用い、その傾向分析をすることである。同時に超長期にわたり、ブレずに成長発展している企業が、これまで何をしてきたのか、またいまどういうことをしようとしているのかを、徹底的に分析するのである。

この二つからアプローチすれば、基本的な構造変化は、おおよそ、とらえることができるはずである。

2 時代を読む5つの眼

環境適応業であり、変化適応業である企業が時代（次代）を読み間違えないようにするためには、五つの眼が必要である。第一は、「主観ではなく客観」である。自分や自社を基準に事象を見るのではなく、相手の目線、第三者的目線で現象を見るのである。

主観で見ると、自分や自社にとって都合の悪い情報やデータに触れると保身に走り、正しい判断ができないケースが多いからである。客観的に事象を見るためには、自分・自社をつねに相手の立場で見るのはもちろん、嫌な情報を含め、真摯に聞く耳を持つことである。さらに言えば、客観的事実を示していると思われる、社会経済統計の利活用も有効である。

第二は、「短観ではなく歴史観」である。短観とは、先月とか一年前と比較し、今日を評価するといった見方である。歴史観とは、「三〇年前はどうだったか、五〇年前はどうだったか」と比較して、今日を評価する見方である。

歴史観で見ると、今日起きている現象が、一時的な変化・問題か、構造的変化・問題かがすぐわかる。わが国のものづくり工場や小売商店の激減の原因が、景気や政策によってもたらされた問題ではなく、時代が根本的に変わってしまった結果、発生している構造的な問題であることは、三〇年以上にわたる現象を見ればよくわかる。

このことは株価や地価についての議論にも当てはまる。筆者に言わせれば、異常と比較するから、正常があたかも異常に見えるということでもある。

第三は、「ローカル観ではなくグローカル観」である。いま起きている事象について、自分・自社がいる場所に軸足を置いて評価するのではなく、世界的視野、つまり地球を軸に評価するといった見方である。これは経済社会のボーダレス化、グローバル化の進行を見れば当然である。

例えば自動車の国内生産台数がピークと比較し三〇%以上減少しているが、これは何も成熟化や不況で売れないためではない。わが国自動車メーカーが輸出を減少させ、海外現地生産にシフトしたためである。国内生産が半減したとはいえ、地球ベースで見れば、依然、生産台数は増加しているのである。

第四は、「現象ではなく原理・原則観、あるいは本質観」である。いま起きている現象に惑わされることなく、その現象の発生源、つまり本質に注視をせよという意味である。

前述の「高熱の原因」のたとえで言うなら、発生した熱は現象であり、なぜ高熱になったかの本質原因を探り、的確な対処が必要である。高熱は風邪でも、がんなどの病気でも発生する。がんで発生している高熱を風邪と勘違いして風邪薬の投与を続けたら、本質問題は永遠に解決できないばかりか、死に至らしめてしまうかもしれない。まさに本質を見る眼が求められるのである。

そして、第五は、「机上観ではなく、現場・現実・現物という三現観」である。いま起きている事象を、机上や本社で判断せず、必ず現場に行き、現物を見て、現実的な対処をせよという意味である。問題はすべて現場で発生するのだから、問題解決のヒントもすべて現場にあるのである。

現実には、経営者や本社スタッフはパソコンで高等数学を利活用し、シミュレーションを行い、「こうしたほうがいい」と勝手に決めつけ、現場の意見に耳を傾けず、現場に指示するケースが非常に多い。また社長室に工場長を呼びつけ、今日の生産経過を聞く経営者も少なからずいる。

また、地方における公共事業も、その典型である。先日、ある地方の片側二車線の高速道路をタクシーで走ったが、約一時間の走行中、平日の日中というのにすれ違った車はほとんどなかった。こうした机上でしか見ていない、また我田引水的な決断が、ムダな工事をつくり、また現場を苦しめ、現場のモチベーションを下げているのである。そればかりか顧客や地域社会に、多大な迷惑をかけてしまっているのである。

3 問題とは何か

経営者と議論する機会が多いが、その中でいくつか基本的な問題があるように思えることがある。その一つが、いわゆる「問題論」に関する問題である。「問題とは何か」について明確に理解がされておらず、勘違いし、対策を打ち出してしまっているという「危険な問題論」といったものである。

本来、問題とは「あるべき姿マイナス現状」である。もっとはっきり言えば、「あるべき姿と現状とのギャップ」である。そう考えれば、「問題」を口にするためには、それに関する「あるべき姿」と「現状」が、定性的・定量的にとらえられていることが、大前提となる。

こう言うと、「この激動の時代、情報過多の中の情報不足と言われる時代、現状はともかく、あるべき姿が簡単にわかれば苦労はない」とお叱りを受けそうである。しかしながら、これは誤解である。

先にも述べたように、三〇年先、五〇年先ならばともかく、ここ三年や一〇年先の時代の方向など、可能な限り多くの科学的データと、可能な限り多くの先進事例を集め、分析すれば、右へ行くか、左へ行くかといった基本的方向は十分発見できるからである。

つまりマクロとミクロから、核心に迫るのである。過去数十年の統計数字からアプローチすれば、変化はある日突然発生するのではなく、ゆっくり弧を描くように変化することなど、すぐわかる。

またミクロについては、日本中、あるいは世界中の現場に目を凝らせば、すでにその問題を経験し、見事にクリアした先進事例が山ほど垣間見られる。

一方、「あるべき姿」とは、本来、自分（自社）が将来どうありたい、どうなりたいといった努力目標である。予想される環境によって、決定的な影響を受けるような性格ではない。

筆者の知るA社が、このことを明確に私たちに教えてくれる。A社は、いまや知る人ぞ知る立派な企業であるが、創業後、数年間は好・不況のたびに一喜一憂の経営であった。だが、あるとき問題に目覚め、いわゆる問題解決型経営を全社一丸となって続けたのである。

このときA社の全社員が描いたビジョン（目標）とは、次のようなものであった。

- 下請けではなく、二〇年後には独立企業になる。
- ワンマン企業ではなく、三年後には全員参加企業になる。
- 一〇年後には自己資本比率七〇％以上の無借金企業となる。
- 五年後には離職率ゼロの企業になる。
- 五年後には社員満足度が八〇点以上の企業になる。
- 五年後には公務員並みの給与にする。

こうしたあるべき姿を全社員で描き、そして自社の現状を第三者にクールに評価・分析してもらい、そのギャップから導き出される問題を徹底的にピックアップしていったのである。ダメな企業は残念ながら、わが社のどこが、なぜダメなのかをわかっていないのである。

4 変えるべきことと、変えてはいけないこと

企業とは環境適応業とか変化適応業である。つまり、時代に適合するとともに、その時代が求める価値ある経営をすることが、企業たるものの使命であり、唯一の生存条件である。

これはこれで正しいが、もう少し補足が必要である。つまり、時代に合わせ、それまでやってきた経営の考え方・進め方すべてを変えるという意味ではない。

つまり、企業経営には時代変化・環境変化に合わせて変えるべきものと、どんな時代・どんな環境になっても、決して変えてはいけないものの二つがあるからである。

その意味では企業とは、不易流行業といった方がいいのかもしれない。

時代変化・環境変化に合わせ、臆することはない変えるべきことを、一言で言えば、経営のやり方の部分である。

一方、どんな時代環境にあっても、決して変えてはいけないこととは、「あり方」の部分である。

やり方とは、商品戦略や生産戦略・販売戦略、さらには人事戦略といった経営の手段・戦略に関することである。

より具体的に言えば、例えば、時代は明らかにＩＴ社会であり、伝統的なリアルな販売方法だけでは限界があり、インターネットを利活用した販売の充実強化が必要である。

また時代は明らかに、既存商品の物的充足度は著しく進行しており、これら商品に期待・依存しての商品戦略では、持続的に成長発展をしていくことが困難である。

さらに言えば、自動車業界で言えば、時代はこれまでの中核であったガソリン車から電気自動車が中心になっていくことは決定的である。こうなると、大げさに言うと自動車部品は半減化してしまい、ガソリン車を前提にしたビジネスモデルはじり貧となる。

このことは、ガソリンスタンドについても同様であり、自らが主体的に時代に合わせ変化しない限り、じり貧どころか、やがて消滅してしまうことは明らかである。

つまり、時代変化に合わせ変えるべきこととは、こうした経営のやり方・進め方である。

しかしながら、どんな時代になったとしても、経営の「あり方」部分は変えてはならない。つまり、企業経営の存在目的・存在使命といったことである。

より具体的に言えば、どんな時代においても「正しい経営をする」といったことである。正しい経営とは、本書で繰り返し述べているように、「神様からご褒美をいただけるような経営の実践」であり、「お天道様に顔向けのできる経営の実践」「喜びも・悲しみも・苦しみもともに分かち合う経営」のことである。

しかしながら、このことをわかっていない経営者がことのほか多い。時代変化に合わせ変えるべきことを真剣に変えようとせず、逆に、どんな時代環境になったとしても変えてはいけないことを、平気で変えてしまうのである。

例えば、不況や環境激変などにより企業の業績が低下すると、いの一番に行われる、弱い人を対象にした希望退職者の募集や、下請いじめ、さらには、企業業績の向上のために、顧客を利用するような経営等がそれである。

リストラされた社員やその家族が、また、下請いじめのような理不尽な取引きを強要された仕入先や協力企業の経営者や社員が、さらには、企業に利用されたような、踏み台にされたような顧客が、その企業と関係することで、幸せを実感することなどありえないのである。

企業の大幅な業績低下や頻繁に発生する企業不祥事の要因は、多くの場合、経営者がやるべきことを真剣にやらず、決してやってはいけないことを、皆がやっているとか、わからないだろうなどといって、平然とやってしまう結果なのである。

ある大手企業の役員一〇名の報酬は、合計で一〇億円、社員の平均年収は六五〇万円であった。この企業は、役員の報酬にたいしたメスを入れないで、罪の無い社員数百名の希望退職を募集した。まともな経営者であれば、自分の報酬をゼロにする。それだけで、一五〇人の社員とその家族の命と生活を守れるからである。

本書で繰り返し述べてきたが「社員と家族の命と生活を守る」ことこそ、企業経営の最大の使命・目的だからである。

筆者が口癖のように、「社員の首を切るならばその前に己の腹を切れ」とか、「社員とその家族を路頭に迷わせるならば、あなたも家族とともに路頭に迷え…」という意味も、ここにこそある。

弱い立場にある人々を犠牲にするような経営は、一時はごまかせたとしても、永遠に社会から評価されるはずはないのである。

筆者はよく「社員であったことを忘れてしまった人が、たまたま社長になると、ろくな社長にならない」というが、こうしたことは永遠に忘れてはならないのである。

筆者がよく知る島根県の会社の社長は、先代の経営者が夜逃げをしてしまい、残された社員と家族を路頭に迷わせたくないと、泥船状態の企業の再建のために社長にならざるを得なかった。

数年間は報酬を一円ももらわなかったばかりか、何とか軌道に乗っても、企業内でいちばん給与の低い人に自分の報酬を合わせた。

また、北海道の障がい者が起業した企業では、障がいのある創業者は、軌道に乗るまで、障がい者には給与を支払ったが、自分の給与は夜中のアルバイトで稼いだ。

さらに言うと、熊本県の経営者は、大不況で売り上げが激減した折、社員の給与は減額せず、自分の給与を一ドルにした。

また、宮城県の企業は、あの東日本大震災の折、一〇カ所の工場がほぼ全壊しているにも関わらず、誰一人リストラせず、見事に企業を再建した。

これら企業に共通しているのは、企業経営のあり方、つまり「正しい経営を実践する」ことは、未曽有の危機的状況にあっても変えなかったということだ。一方で、やり方・戦略は果敢に変えたのである。

5 小さな本社

企業は規模の拡大に伴い、本社以外の場所に営業拠点や生産拠点、あるいは研究開発拠点を設けるようになる。スピードやサービスなど顧客の利便性向上はもとより、生産や物流の効率化、さらには人財の確保や定着などを考えれば、こうした展開は当然である。

しかしながら、拠点が増加すればするほど、本社と本社以外の拠点、あるいは現場との一体感が、薄れていくケースが多い。そして問題が発生すると、その問題の所在を本社は「現場」と言い、現場は「本社」と言うといったケースをよく耳にする。

企業経営において、本社不信を感じやすいのは、本社から遠く離れた拠点である。本社と違い、現場や本社以外の拠点のスタッフは一瞬の停滞も許されず、雨の日も風の日も、毎日汗まみれ、油まみれ、泥まみれになりながら、顧客満足度を高めるための生産や販売活動に従事しているからである。

そうした現場スタッフから見れば、高層ビルであるかロードサイドであるかはともかく、一般的にエアコンのきいた美しい本社で、仕事の量・質はともかく、デスクワークをしている本社スタッフに対し、自分たちより大変と思っているスタッフは少ない。その結果、現場や本社以外の拠点で、本社への不信感が発生している場合が多い。

こういう状態では、組織全体としての価値創造は困難である。本社が現場から不信感を持たれず、両者の一体感を高めるためには、まさに本社、とりわけ本社機能が問われるべきである。

そのための改革の一つは、本社の人員を限りなく少なくし、小さな本社を実現すべきである。本社の機能とは、人事、総務、経理、広報・広聴、情報システム、経営企画、社長室などである。こうした部署にいるスタッフを、可能な限り少なくすべきである。

これらの部署のスタッフが多くなると、本社スタッフは自らの保身のため、つまり適正規模を証明するため、管理という名の仕事を次々につくりたがる。つまり現場拠点に対して、どうでもいいような書類をつくらせたり、指揮命令をするからである。

結果、現場や拠点は、本来なら現場の仲間や顧客のために使うべき時間を、本社のために費やすことになる。そればかりか、せっかく現場・拠点で考えた企画や活動に対し、中身はともかく、手続き論でいちゃもんをつけることにもなるからである。

こうなると現場は、「自分たちが考えても結局、本社がああでもない、こうでもないと言うのだから、黙って本社の言うとおりにやったほうがいい…」という考えになってしまう。そして現場の思考能力は、しだいに低下していく。

こうなってしまう一つの原因は、本社のスタッフが本社の使命と役割を正しく理解・認識していないためと、その使命・役割が大きすぎるためである。本社の使命・役割とは、言うまでもなく、全社員が後顧の憂いなく、気持ちよく、価値ある仕事に従事できるような、よい職場環境の創造・整備である。もっとはっきり言えば、現場の社員のモチベーションを高めるのが、本社の最大の使命・役割である。しかしながら現実は、その逆が多い。

では、本社の適正規模はどの程度か。筆者は数年前、本社に関する研究を行い、その一つが本社の規模と業績との相関であった。結論を先に言えば、好業績企業になればなるほど、本社は小さいことがわかった。

本社のサイズを測る物差しは、「売上高に占める本社経費」「総経費に占める本社経費」「総人件費に占める本社人件費」「全社員に占める本社人員比率」といった指標である。最もわかりやすいのは、最後に挙げた「全社員に占める本社人員比率」つまり、本社の仕事を担っている社員が、全社員の何％いるかという指標である。もちろん全社員の中にはパート社員も入るが、かりに四時間勤務であれば、〇・五人として計算すればよい。

調査の結果、わが国企業の本社人員の平均は、一〇～一五％前後であるのに対し、よい企業のそれは五％前後、中には三％程度の企業もあった。

いつぞや、社員数一万人の社長に依頼され、都内の本社ビルを訪問したことがある。高層階の会議室に上がるエレベーターの中で、筆者は社長にこう質問した。「このビルは本社機能だけですか」。「そうです」という答えが返ってきた。「何人の社員が、ここで働いているのですか」と聞くと、「約一〇〇〇名おります」と言う。「多いですね」と言うと、社長は「私もそう思います。ですから七〇〇人にすべく、すでに手を打ってあります」と答えた。私は「七〇〇名でも多いです。とりあえず五〇〇名程度、本当は三〇〇名でもやれるはずです」と言った。

また先日、茨城県の正規・非正規合わせて一万四〇〇〇人、それを八時間換算すると一万人の企業を訪問した。会長に、「総務、人事、経理といった本社機能に従事していらっしゃる方は何名いらっしゃいますか」と尋ねると、「およそ二〇〇名です」と答えた。

また都内にある社員数二万人の会社の社長に、「本社の仕事をやっていらっしゃる社員は何名いらっしゃいますか」と尋ねると、「約四〇〇名です」との答えだった。つまり、本社機能を行う社員はわずか二%である。

それでいて隆々と成長して、いまや国内だけでも二万人の社員、世界では約二〇万人の社員を抱える会社になっているのである。

第8章

大家族的経営

1 成果主義は人を幸せにしない

「大家族的経営」とは、「企業的経営」と対比するために筆者が名づけた造語である。企業的経営を科学的経営、管理的経営、競争的経営とするならば、大家族的経営とは愛の経営、ぬくもりの経営、全員参加の経営とも言える。

企業的経営のもとでは、部長や課長と一般社員の関係性は上司と部下、つまり上下関係となる。給与や昇格の決め方は年功序列でなく、一般的に成果主義となる。一方、大家族的経営のもとでは、部長や課長と一般社員の関係性は、先輩と後輩、つまり横の関係となる。給与や昇格の決め方も成果や能力ではなく、年功序列が基本となる。

かつての右肩上がりの時代においては、十分すぎるほど分け前があったこともあり、年功序列が多かった。今日の右肩下がりの時代においては、パイの十分な拡大が見込まれないばかりか、原資そのものが減少してしまうこともある。結果、成果に応じて給与等を支給する、いわゆる成果主義が多くなっている。

年功序列の給与システムは、年齢が高いほうが、また入社年が早いほうが一般的に給与も賞与も高くなる。一方、成果主義は、程度にもよるが年齢や入社年に関係なく、成果を上げた人が高い評価を受ける。それゆえポストや昇格、賞与においても、逆転現象が起きるのは日常茶飯事である。

やればやるだけ得をする、やった人が報われるほうが、やってもやらなくても同じより、よい制度であることは、大半の人に異論がないと思われる。では、成果主義のほうが年功序列より、決定的によい賃金制度・人事制度なのであろうか。程度にもよるが、筆者はそれでも年功序列がベストではないが、ベターと思っている。理由は三つある。

第一は、質・量がまったく同じ仕事をやっている社員ならともかく、そんな人はめったにいないからである。そのため、成果を公正に測ることが難しい。例えば営業という仕事一つとっても、担当地区や担当商品、あるいは担当顧客が異なれば、成果に違いがあるのは当然である。

このことは、生産現場においても同様である。担当設備や担当工程はもとより、誰と組むか、どのチームに属するかによって、その成果は大きく異なる。間接部門はなおさらである。

総務や会計といった、縁の下の力持ち的職務をどう評価すればよいのか。評価しようとすれば加点ではなく減点、つまり失敗の多さにより評価することになる。こんなことをしていたら、新しい仕事やリスクのある仕事にチャレンジする人がいなくなる。

ここに、一つエピソードを紹介する。ある大企業で評価が高かったA部長が、定年退職することになった。噂を聞いて、数社の中小企業経営者がA部長に「来てほしい」と名乗りを上げた。A部長は、最も給与の高かったB社に再就職した。

しかしながら一年経ってもA部長は、まったく成果らしい成果を発揮できなかった。理由は前職の当時、A部長の部下が優秀で、A部長の高い評価は、そこに拠っていたに過ぎなかったからである。つまりA部長自身の人財力は、さほどではなかったのだ。

成果主義より年功序列がよいと思われる第二の理由は、成果主義は組織や個人を過度に競争に走らせ、企業内に勝ち組と負け組を生んでしまうからである。

こうなると、企業内における連帯感やお互いさま風土は薄れ、逆にギスギス感がはびこってしまう。負け組の社員が、勝ち組の社員を訪ねてきた顧客や、かかってきた電話に親切丁寧な対応をするなど、到底考えられない。

先にも少し述べたが、成果主義は親友さえも失う、ということを示すエピソードがある。同じ会社に勤務するAさんとBさんがいた。二人は高校時代の同級生で、出身大学も同じ、同期入社の大親友であった。二〇代後半には二人とも家庭を持ち、いまは二人とも二児の父でもある。Bさんは両親と同居しているが、歳とともに両親ともに認知症が激しくなり、毎日てんやわんやの生活である。

二人が四〇歳になるころ、Aさんは課長に昇進した。一方Bさんは、家族の事情などで休むことが多く、遠方への転勤も拒否してきたことから評価が低く、ようやく主任になったばかりである。

そのBさんがAさんの部下となったとき、AさんがBさんに「しばらく家族ぐるみの食事をしていなかったので、皆で久方ぶりに食事会をしよう」と声をかけた。Bさんは即答できなかった。Bさんは、自分の奥さんのことが気になったからである。

さあ読者の皆さんがBさんの奥さんだったら、この食事会に喜んで参加するであろうか。「正直断りたいが、断るわけにもいかない」が本音であろう。それもそのはず、断ったら主人であるBさんが、気まずい思いをするからである。

Bさんの奥さんが行きたくない理由は、Aさんの奥さんより着飾っていくことも、また遅れていくことも、さらにはレストランで上座に座ることもできないからである。加えて言えば、出された料理に先にお箸をつけることも、ためらわなければならないからである。こんなに気を遣ってレストランに入って、出てくる料理がおいしいわけがない。それどころか一分でも早く、その場を去りたい気分であろう。

つまり行きすぎた成果主義は、本人ばかりか、家族にまで、辛い思いをさせてしまうのである。

成果主義より年功序列がよいと思われる第三の理由は、好・不況にビクともせず好業績を持続している企業の大半は、成果主義ではなく、年功序列を中心とした人事制度をとっているからである。

繰り返し述べてきたように、筆者は過去五〇年近く、国内はもとより海外の多くの企業を訪問調査してきた。多くの企業は好・不況や為替レートの変動に一喜一憂するような経営が行われていたが、調査企業約八〇〇〇社の一割企業は、好・不況や為替レートの変動には、ほとんど無縁の好業績企業であった。

これら企業を何回も何回も訪問し、ハード面・ソフト面から詳細な調査を行ってきた。その結果、ブレずに快進撃の企業は空気感がよく、職場内はお互いさまの社風が形成されていることがよくわかる。

またその評価制度も、その大半が年功序列なのである。加えて言えば、成果主義との両面からの企業もあるが、成果給の割合は小さく、大部分は年功序列なのである。

筆者は『日本でいちばん大切にしたい会社』というタイトルの書物をシリーズで著し、すでにこれまでに七冊を出版しているが、そこで取り上げた、ほとんどの企業は程度の差こそあれ、年功序列をベースとした人事制度である。

それもそのはず、成果主義とりわけ、行きすぎた成果主義は、組織内に次第にギスギス感がはびこっていき、最も大切なぬくもりが消え失せていくからである。

企業を家族ととらえれば、どういう人事制度がベストではないにしてもベターかなど、直ぐわかる。例えば高校生と中学生と、そして小学生の三人兄弟がいたとする。三人の通信簿を見て、いちばん成績のよかった小学生に一万円、二番目に成績のよかった中学生に五〇〇〇円のご褒美をあげ、そして、いちばん成績のよくなかった高校生には何もあげなかったならば、おそらく兄弟げんかが始まると思われる。

つまり企業内でも同じなのである。こうしたことは自分が逆の立場だったりとか、自分が逆の立場の家族であったり…などと考えればば簡単にわかる。

人が人を評価するのも難しいが、褒め方も、何もポストやお金だけではないはずである。

かつて筆者は、公務員であったことがある。困っている人を助けたいという思いがとりわけ強く、明らかに誰が見ても仕事のやりすぎ状態であった。相談者も電話も大半が筆者あてであったということもあり、とりわけ上司からは冷たい目線で見られていた。

そのまた上司とたまたまトイレで一緒になったとき、その上司は筆者に「頑張っているね…、君のおかげで組織の評価も高く助かっているよ…。君も知っているとおり、職場は年功序列なので、君だけのために何もやってあげることができないけれど、感謝しているよ…。これからもその調子で頑張ってください…」と言ってくれた。

正直、筆者も成果主義など求めたこともなく、その言葉に心が満たされたのである。

成果主義より年功序列がよいと思われる第四の理由は、才と徳の優れた真の人財は、成果主義を求めていないからである。このことに関するエピソードを紹介する。

世界初の新製品を次から次に創造する、社員数約一〇〇名のA社というハイテク企業がある。A社の人事評価は、成果主義ではなく年功序列である。またA社は実質、定年がない企業としても著名である。

ある日、六六歳になるYという社員が、健康診断でがんが見つかり、二年半、入院することになった。この間Y氏は、一日も出社することができなかった。しかしながら、A社は、この社員に給料を一円も減らさず二年半にわたり届け続けたのである。そればかりか、賞与も一円も減額せず、社員が交代で病院に届けた。

筆者はM社長からこの話を聞き、「そうしてほしい。そうしよう」と提案した社員たちを訪ねたことがある。一人は生産工、一人は営業マン、そして、もう一人は一級のエンジニアであった。

彼らは三人とも、異口同様に「当然です」と言った。理由は二つあるという。一つは、自分たちは大学を出て入社した数年間、正直、自分の給料もまともに稼げなかった。先輩たち皆で、自分たちの給料を稼いでくれた。だからいまは、お返しの番だと。

もう一つは、病気は誰でもなる可能性がある。自分たちだったかもしれない。もし自分たちがその立場であったら、どうすることが正しいかを考えた。「会社は家庭、社員は家族」だから…と。

2 いちばん大切なことをいちばん大切にする

人がいちばん大切なものは、命と生活である。このことは、働く社員であっても同様である。近年、企業間の格差が拡大する一方、著名な大企業の破綻も目につく。筆者に言わせれば、破綻した大企業は、いちばん大切にすべきことをいちばん大切にしなかった、してこなかった結末が示されたのである。

例えば、不況や過大投資の失敗により、拠点をスクラップし、多くの社員をリストラし、社員と家族を路頭に迷わせる。そして多くの場合、そうした結果をもたらした経営者や幹部社員は居座り、「再起を期す」と言う。

筆者はつねづね「社員の首を切るなら、その前に己の腹を切れ」とか「社員と家族を路頭に迷わせるならば、あなたも一緒に路頭に迷え…」などと言ってきた。

また、経営者を対象とするセミナー会場では、「もし自分がリストラされた本人であったり、家族であったりした場合、その企業や上司の行動をどう評価しますか…」と、つねに問いかける。さらには、「そんな企業の商品を買いますか。そんな企業に息子や娘を就職させたいと思いますか…」とも問いかける。

さらに、「五人家族がいて、毎日三人分の食事しかなかったならば、あなたはどうしますか」と経営者に問いかける。選択肢は、以下の三つである。

①二人の口減らしをする。

②三人分を五人で仲よく分ける。

③三人の子どもに食べさせる。

誠実な親ならば、③を選択すると思われる。誰でもお腹が空くのだから、子どもにわからない方法で、親たちは水道の水をコップに注ぎ、その水を飲むことによってお腹を満たすと思われる。しかしながら、そんなことを、毎日毎日繰り返していたら、そう長くは生きられない。誠実な親は、それでよしとする。それは当然である。愛する子どもの死に顔だけは見たくないからである。

一つ、エピソードを紹介する。7章の④でも少し取り上げた企業であるが二〇一一年の東日本大震災で、一〇工場中九工場が全壊し、七〇〇人分の仕事が奪われた企業の話である。まさに企業の存続も危ぶまれた。

緊急に幹部会が開催され、対処策が議論された。司会役の社長が、役員や幹部一人一人に意見を求めると、ほぼ全員が「全員解雇やむなし。会社の稼働に応じて、徐々に再雇用するという選択肢が、当社を継続させる唯一の方法だと思います」という答えだった。

社長は「一晩だけ考えさせてくれ」とその場を去り、腹心の企画部長と一緒に残った一つの工場の事務室に一晩こもり、議論した。経営企画部長は、「売上高がゼロで、七〇〇人の社員の命と生活を守れる限界は一年間です。

わが社がこれまで貯めてきた預貯金をすべて取り崩せば、一年は何とかもちます。しかし一年経っても、震災前の水準に戻らなければ、わが社は間違いなく倒産いたします。半分の社員をリストラしたら、二年は何とかもちこたえます」と言った。

その報告を受け、社長は翌日開催された幹部会で、以下のような話をした。

「この大震災で、二人の社員を失ってしまった。家族を失った社員もいる。命は何とか助かったものの、家屋敷を失った社員もいる。地域の親しい隣人を失った社員もいる。いまわが社の社員に残っている唯一の絆は、会社との絆である。この唯一の絆を切ったならば、社員たちはこの地で生きることはできない。また、いったんこの町を離れたなら、二度とこの地に戻っては来られない。預貯金をすべて取り崩せば、一年間はもちこたえられる。社員は家族、生きるも死ぬも一緒。いまの体制で再生する」。

そして、最後に、こうつけ加えた。「もしも自分の決断に不服があるならば、緊急動議をして、私を首にしてくれ…」と。

社員をリストラしながら、依然居座る大手企業のトップや顧問は、こうした経営者を真摯に見習うべきである。

いちばん大切にすべきことをいちばん大切にするという経営の中で、社員を支える家族を社員同様大切にする社長も重要である。というのは、人間は、「人財」と呼ばれる人も、たんなる「人材」と呼ばれる人も、一日二四時間、年間三六五日しか持っていない。その意味では、すべて平等である。しかしながら、「人財」と「人材」の能力は、天と地ほど違いがある。理由は二つある。

一つは、「人財」と言われる人の一升枡と、「人材」と言われる人の一升枡は、大きさは同じであるが、入っているものと入っている場所が異なるのである。そしてもう一つは、「人財」は外部支援、とりわけ家族の支援力が強いことである。

このことに関するエピソードを一つ紹介する。A社という中堅企業である。社員をコストと考え、業績が悪化するとリストラを繰り返してきた企業の技術者が、「こんな組織には、いられない」と退社し、仲間数名とスタートした企業である。創業して三〇年経った現在、社員の数は五〇〇名を超えたが、自身がかつて勤務した会社は、すでに消滅している。

A社は家族愛の経営も標榜しており、傾聴に値する。以下に、A社が実施している〝愛の経営〟のいくつかを紹介する。

- 入社予定の新入社員の実家を訪問しての挨拶
- 五月の連休日の里帰り手当の支給
- 家族へのお歳暮
- 親孝行手当、家族孝行手当の支給
- 社員の家族が勤務していた企業をリストラされた場合の支援
- 入社式への家族招待
- 家族感謝祭の開催
- 家族のメモリアル休暇制度
- 家族懇談会の開催

・家族の企業見学会の開催

いつぞやA社の社長から、毎年開催している新任課長夫妻と社長との、夕食懇談会の話を聞いた。新任課長となったBさんの奥さんにマイクが回ってくると、自己紹介の後、奥さんは次のように話した。「もしも主人が『この会社を辞める』と言ったら、私は主人と離婚します。こんなにも主人や私たち家族の幸せを念じて経営をやっていらっしゃる会社を裏切る、そんな主人が私や子どもたちを幸せにするなんて思えませんから…」と。

3 社員満足度が高い企業は業績も高い

筆者はかつて、モチベーションのレベルと企業の業績との相関を調べたことがある。結果は「社員のモチベーションが高い」と回答した企業で、赤字企業は存在しなかった。逆に社員のモチベーションが低い企業で、高収益企業は一社も存在しなかった。

では、どうすれば社員の満足度やモチベーションを高めることができるのか。以前、筆者が行った調査研究結果を踏まえると、次の六点が重要である。

（一）信頼される経営者になる

筆者は、社員のモチベーションを高めるために何が重要であるかを明らかにするため、まず社員のモチベーションを阻害する要因について調べた。阻害する要因を抽出し、その一つずつを取り除くことができれば、社員のモチベーションは高まると考えられるからである。

一五項目を用意し、企業に回答を求めたところ、最も比率が高かったのは「経営者や上司への信頼感をなくしたとき」で、じつに回答企業の六三・三％にのぼった。「賃金や賞与に対する不満が生じたとき」「企業の業績が悪化したとき」「努力や成果が正当に評価されないこと」などよりも、はるかに大きな比率だった。

このことは、同調査における「社員のモチベーションを高めるうえで重要なことは何ですか」の結果を見てもよくわかる。最も多かったのは、「トップの人格・識見・能力」で五七・四％だった。「企業の組織風土・組織文化」「成果に見合う賃金体系」などをはるかに上回っていた。

ではトップは、どういう意識・姿勢をもって、日々の経営活動に臨めば、あるいは、どういう経営者に変身すれば、社員の信頼感を勝ち取り、社員のモチベーションを高められるのか。結論を言えば、「社員に心から尊敬される経営をする」「社員に心から尊敬される言動を実践する」ということになる。

（二）ミドルの意識・資質を高める

社員のモチベーションを高めるために、経営者の意識と並んで重要なことは中間管理職、つまりミドル層の意識と資質である。一般社員にとって日常的に接する直属の上司は、課長や部長といった中間管理職、ミドル層だからである。

これもまた、調査結果から明らかだ。「社員のモチベーションを高めるうえで重要なことは何ですか」という設問に対し、「中間管理職の人格・識見能力」と回答した企業の割合は四五・四％と、「モチベーションを高める制度」の一〇・五％や、「一般社員の姿勢」の七・三％などを大きく上回っていた。

つまりモチベーションを高める制度の有無も重要だが、それよりはるかに大切なことは、トップやミドルの人格・識見能力なのである。

では、中間管理職の意識・資質はどうあるべきか。基本的には経営者と同様であるが、あえて違いを言えば、その守備範囲である。

ともあれ重要なのは、中間管理職が自身の使命・役割を十分理解・認識し、社員のやる気を高めることである。中間管理職の使命と役割をあえて言えば、部下（フェロー）を育成（リード）、支援し、燃えさせることである。

（三）価値ある経営の実践

本書で繰り返し述べているように、企業経営とは「五人に対する使命と責任を果たすための活動」である。この五人は並列の五人ではなく、優先順位がある。企業経営とは、この五人、とりわけ社員とその家族の幸せを追求する活動である。

さらに言えば、五人の中で五人目にあたる株主など支援者に対する使命と責任は、追求する必要はない。一人目から四人目に対する使命と責任を果たすことを追求すれば、結果として果たせる使命と責任である。

これら五人に対する使命と責任を果たそうと懸命に努力している企業は、例外なく社員のモチベーションが高い。結果として、長期にわたり好業績を持続しているのである。

（四）仕事にやりがいを持たせる

「社員のモチベーションを高めるうえで重要なことは何か」という設問に対し、「トップの人格・識見能力」に続いて多かった回答が「仕事にやりがいを持たせる」で、じつに五三・五％を占めた。つまり二人に一人が答えたわけで、「賃金」や「モチベーションを高める制度の有無」よりも、はるかに多かった。

「仕事に対するやりがい」を簡単に言うと、仕事を通じて自身の成長が確認できるとか、自分が担当している仕事が真に世のため、人のために役立っているという実感である。主体性を持って仕事に取り組んでいることも、重要な要素になる。

かつては賃金や福利厚生といった経済面や、所属する会社のブランド力などにやりがいを持つ社員が多かった。それがいまや、心的なものや仕事そのものにこそ、やりがいや価値を感じているのである。

その意味では企業が、社員一人一人の心を満たすような価値ある仕事を意識して準備することが重要なのである。

（五）職場の人間関係を高める

社員がモチベーションを低下させる要因として、「職場の人間関係が悪化したとき」と回答した企業が四〇・八％もあった。「企業の業績が悪化したとき」の一七・五％や、「過度の時間拘束」、つまり残業時間の多さの九・五％をはるかに上回っていた。

当然の話で、所属する組織に人間関係が気まずい人がいれば、毎日出勤するのが辛くなるし、職場にいても、つねにその人のことが気になってしまう。こうした心情で、生産性の高い価値ある仕事ができるとは到底思えない。それればかりか気が弱く、信頼する仲間のいない社員は気が滅入ってしまい、病気になったり、離職してしまうことにもなる。

企業は職場の人間関係を高める経営に一段と注力する必要がある。具体的にはトップやミドルは日常的に意識して、一人一人の社員とコミュニケーションをとるとともに、社員同士が仲よくなれる、さまざまな場を意識的に創出する努力をすべきである。

(六) 企業の将来目標を示す

「社員のモチベーションを高めるうえで重要なことは何か」との設問に対し、「企業の将来目標」と回答した企業が三九・三%もあった。「知名度・ブランド力」の四・六%や、「企業の業績」の二〇・一%をはるかに上回っていた。

つまり社員のモチベーションには、知名度や今日の業績より、所属する組織の明日に夢と希望があるか否か、そしてその夢やビジョンやロマンは、自身の心を満たすものなのか否かのほうが、より重要なのである。

その意味では企業は、現状維持型のその日暮らし的経営を改め、高い志や、心熱くなる理念先行型の経営、ロマンやビジョンの明示型・共有型の経営を行うべきなのである。

4 企業経営は個人戦ではない

企業経営をスポーツに例えると、剣道や柔道、あるいは相撲・空手・一〇〇メートル競走といったスポーツではない。あえて言えば、野球やサッカー・バレーボール・ラグビー・バスケットボール・リレー競争といったスポーツに当てはまる。

両者の決定的違いは、前者は個人戦であるのに対し、後者はチーム戦あるいは団体戦という点である。

個人戦と団体戦の最たる違いは、その結果に対する関係者の評価である。個人戦においては、その勝ち負けという結果責任は、すべて個人である。つまりトーナメント等で勝ち残れば、例えば金メダルが授与されるが、それはあくまで個人に対してである。

一方、チーム戦・団体戦においては、その勝ち負けは、特定の個人ではなく、チーム全員である。それゆえチーム・団体が優勝した場合には、登録されたチームメンバー・団体メンバー全員にメダルが授与されることになる。

たとえ、チームの誰かが、チームの業績向上に直接的には、たいして貢献していなかったとしても、平等にメダルが授与されるのである。

そして試合終了後は、全員が歓喜の中で、美酒に酔いしれ、お互いをたたえ合うのである。

逆に負けたチームは、チームメンバーの誰かが、メダルを授与されたチームメンバーよりはるかに活躍したとしても、特定の個人には、金メダルは授与されないのは当然である。そして、全員で涙を流し、次なる優勝を誓い合うのである。

このことは、企業経営にも当てはまる。企業経営には社長もいれば部長もいる。課長もいれば社員もいる。だれが欠けても企業経営は成立しないからである。つまり、企業経営はスポーツに例えれば、個人戦ではなくチーム戦・団体戦なのである。

もう少し具体的に言うと、企業経営においては、本社で本社機能を担う社員もいれば、猛暑の日であれ、逆に厳寒の日であれ、現場で作業や営業をしている社員もいるのである。華々しいスポットライトが当たるような仕事をしている部署にいる社員もいれば、そうした人々の縁の下の力持ちのような、目立たない部署で、地味な仕事に淡々と取り組んでくれている社員もいるのである。

いずれの社員も、その企業にとって重要な社員なのである。

しかしながら、多くの企業では、このことについての理解と認識が甘く、企業経営を個人戦と勘違いし、まるで個人戦のような経営を行っている。

社員間の過度な業績競争や、出世競争を、これ見よがしに強いるような経営もそうである。

こんな個人戦のような経営をしていたならば、社員は善悪ではなく損得で、仕事や顧客を選択してしまい、それに気づいた善良な顧客は、やがてその企業を捨て去るのである。

社内的にも、困っている社員、助けを求めている社員がいたとしても、そんなことをしていたら、時間の浪費であり、勝ち組になれないといわんばかりで、見て見ぬふりをするような社員を生んでしまう。

こんなことをしていたら、組織に必要な仲間意識・お互い様風土・温もりが、醸成されないばかりか、逆に、企業内にギスギス感がはびこり、冷たい風が吹き荒れてしまう。

個人戦的な企業経営、一人ひとりの社員の個人プレイ的な言動が行き過ぎると、親友であった社員が、まるで恨みを持った敵同士のような関係になってしまう。

いつぞや、まさにこれに当てはまる話を聞いたことがある。

それはAさんとBさんの話である。二人は小学校から大学まで同じ学校で学んだ親友同士であり、挙句に就職した企業も同じであった。

しかしながら、二人が就職した企業が間違っていた。就職した企業は、業界では評判の個人の業績重視の、まさに個人戦を強いる経営をしている企業であった。

やがて二人の間には業績面において、大きな格差が生じていき、Aさんは本社の課長に昇格したが、家族の事情もあり、大きな成果を達成することができなかったBさんは、本社から遠く離れた営業所の主任のままだった。その後、Bさんは、いたたまれずその企業を退社した。

個人戦のような経営は、企業や個人の一時の業績はたとえ向上できたとしても、中長期的には、企業や個人をバラバラにしてしまい、ひどい場合は家庭をも破壊してしまうのである。

5 人を幸せにする経営計画

関係する人々が幸せを実感するいい企業にしたいと思うならば、経営計画書の策定においても、これまでのつくり方を、抜本的に改めなければならない。

というのは、これまでの経営計画策定の常識であった業績向上が目的ではなく、関わる人々の幸せが目的となった経営計画者の策定が必要不可欠だからである。

業績向上を目的にした経営計画書の策定においては、一般的には市場動向やライバル企業等の動向を考慮しつつ、まずは、短期や中長期の業績、つまり、売上高や利益額をどうするかからスタートする。さらに、そのためには商品や市場をどうするか、それを実現する社員数や設備投資をどうするか…、といったように、各分野に計画を落とし込んでいくのである。

こうした思想・考え方で策定される経営計画書の元では、売上高や利益額・利益率といった業績の追求・実現が最優先になる。社員や社員に関係する人件費、さらには筆者が社外社員と名付けた仕入先や協力企業に関する費用は、当然ながらコストと評価・位置付けられ、可能な限り低く抑えたいという経営が行われることになる。

それゆえ業績が目標値を大幅に下回ってしまった場合には、それが現実を直視しないトップが強引に決めた数値目標であったとしても、担当者や担当部署は強く叱責される。ましてや、業績低下が大幅な場合は、自分の決めた経営計画そのものや、経営環境の激変でやむを得ない場合であっても、努力不足と判断し、希望退職者を募ったり、さらなる労働強化策に乗り出すのである。

こうした経営では関係する人々を幸せにできるはずもないし、関係する人々も幸せを実感できないのは当然である。

業績を目的・最重視した経営計画では、必ず誰かを犠牲にしてしまうのは明白である。それどころか、社員や社外社員の反発を招き、組織愛を低下させるばかりか、離職も拡大する。正に悪魔のサイクルに入ってしまうのである。

一方、人を幸せにする経営計画は、これとは真逆である。というのは、人を幸せにすることを目的・最重視した経営計画の元では、業績である売上高や利益額、さらには、生産性等は、目的追求・実現のための手段、あるいは結果という位置づけになるからである。

人の幸せのための経営計画の中核は人、とりわけ社員とその家族や社外社員とその家族である。

具体的に言えば、将来メンバー（社員数）をどうするか、社員一人当たりの給与をどうするか、社員一人当たりの所定外労働時間をどうするか、定年をどうするか、障がい者雇用をどうするか、社員満足度調査の結果をどうするか、さらには法定外福利をどうするか…、といった、社員の働きがいや生活設計等が経営計画の中心となる。

そこでは、売上高や利益、さらには市場や商品は、目的ではなく、そのための手段としての数値目標となる。

こうした人を大切にする、人を最優先した経営計画は、間違いなく社員の働きがい・やりがいを高めていくばかりか、企業経営の質をも高めていく。

それもそのはず、つくられる経営計画書には、単に属する企業が成長発展するだけではなく、社員一人ひとりの未来の姿・生活も明示されているからである。

事実、こうした人の幸せをベースとした経営計画書を策定している企業においては、例外なく、社員のモチベーション・働きがいは高く、また、その企業に嫌気がさし、見切りをつけるような社員も、ほとんどいないのである。加えて言えば、そうした企業の業績は安定的に優れているのである。

しかしながら、こうした人を大切にする・人を幸せにする、さらには人が幸せを実感できる経営計画書を策定している企業は、残念ながらいまだ少ない。

周知のように、わが国企業のこのおよそ二〇年間の赤字企業比率は六五％前後で推移している。赤字企業でありたいなどと考える企業経営者は、一人もいないはずである。

これら企業の最大の原因は、おそらくそもそも経営計画そのものが作成されず、単に今日と明日の生活のために経営をしているからである。あるいは、経営計画書はあったとしても、魂が入っておらず、絵に描いた餅状態になっているか、または、策定された経営計画が、全社員の賛同・共感を得ていないためであろう。

ともあれ、右肩上がりの時代、作れば・仕入れれば売れる時代ならばともかく、時代は完全に変わったのである。

にもかかわらず、それを直視せず、関係者の幸せのための経営革新の努力を怠っている企業が未だ多く存在していることが、近年のわが国企業の活力低下の原因の一つと言っても過言ではない。

さらに言えば、業績ではなく人を大切にする・幸せにする経営計画者を作ればいいという単純なことではない。人を幸せにする経営計画書の策定の中で、もう一つ重要なことは、その策定の仕方と共有化の方法である。

策定方法で言うならば、経営者や幹部社員が現場の叫びをほとんど聞かず、上意下達型に策定するのではなく、全社員が程度の差こそあれ計画作りに参画し、時間をかけ、議論を重ね、手作りで策定すべきである。

それもそのはず、人が作った計画に対しては、よほどのことがない限り燃えないが、自分が作った計画には、燃えるのが人間の常だからである。

筆者がよく知る、非正規社員を含めて社員数三〇〇〇人の企業がある。この企業では三〇〇〇人の全社員の義務ではなく権利がある。

それは「経営計画作り」「良い企業作り」への直接参加である。より具体的に言えば、一年に一回ではあるが、全社員に「わが社の将来ビジネス」と「わが社が地域社会のために、新たにまたは、今後充実してやるべきこと」についての意見書を書いてもらっている。

加えて言えば、そのすべてに役員は目を通し、選ばれた優秀テーマは、約六〇〇名が参加する表彰式の折、発表される。

その伝え方・共有の仕方も重要である。というのは、いかに優れた経営計画であっても、全社員がその内容に共感するとともに、策定された経営計画に基づいた言動が求められるからである。

でなければ、それは単に絵に描いた餅となってしまう。そうならないためには、年一回は全社員が出席する「経営計画発表会」を開催する。さらには、朝礼や個人面談等あらゆる場面で、経営計画が共有されるような「P・D・C・Aサイクル」を回す。このようなことが機能するような、場作り・情報提供等が必要かつ重要なのである。

6 経営理念は企業の憲法

経営理念とは、その企業の存在目的や使命を簡潔に社内外に表現した文章である。もう少し具体的に言えば、わが社は何のために存在しているのか、わが社は何を通じて世のため人のために貢献するのかといった、存在価値を示した宣言文のことである。言わば企業経営を行っていくうえでの、その企業の憲法であり、全社員の拠って立つ精神的支柱である。

企業によっては「経営理念」と言わず、「社是」「社訓」「社憲」「綱領」「クレド（志・信条・約束）」「信条」「モットー」「基本方針」などとしており、いくつかを並立させている企業もある。

一般的には「社是」と「経営理念またはクレド」の二本立ての企業が多い。両者の違いは社是が、その企業の存在に関する宣言文であるのに対し、経営理念は経営の考え方や進め方に関する宣言文と言える。

社憲や綱領は、社是と同意語と考えてよいが、クレド、信条、基本方針は、社是や経営理念の意味・内容をさらに具体的に示したものと言える。

経営理念の制定は、企業経営にとって極めて重要である。組織の存在目的・存在意義を示す経営理念がなければ、方向舵を持たない飛行機や船と同じである。ただ風に任せて動いているだけとなり、そんな飛行機や船は乗っている人々に疲労と不安を与えるだけであるからである。

事実、近年、経営理念とその内容についての関心が高まっている。理由は二つあり、一つは世界的な企業間競争が激化する中、これまで以上に総力経営が求められているからである。全社員が納得し、やる気になる、向かうべき方向を明確に示さなければ、総力経営ができないばかりか、それぞれが勝手な価値観で言動をしてしまうからである。

もう一つは社員や仕入先、協力企業、顧客、地域住民、さらには出資者など、企業に関係する人々の企業を見る目や期待が、大きく変わってきたからである。収益力や企業の規模、ブランド力などよりも、存在目的を示す経営理念に強い関心を持ちだしているのである。もっとはっきり言えば、企業に関係する人々が、自分たちが共感・共鳴できるような、利他の心が匂う壮大な経営理念の有無で、企業を評価するようになってきたのである。

その意味では、理念の有無もさることながら、その内容が、とりわけ社員や顧客の心に響く内容か否かが重要となっている。わが社ありき、売上げありきが匂う経営理念では、関係者の共感・共鳴を得ることは難しい。

経営理念は本来、創業時に策定しておくことが重要である。それは何をやるか、誰とやるかといった創業の目的を明確にしておく必要があるからである。そしてひとたび理念を掲げたなら、理念に基づいた経営をしなければ、その理念に共感・共鳴し、集まってくれた社員のモチベーションを下げてしまう。

とはいえ多くの企業は創業時において、まずは売上高確保や資金調達に精いっぱいで、理念の策定をせずして起業する。結果、その場しのぎ的経営に陥り、創業数年で消滅してしまう企業が大半である。それを避けるには、理念は創業時、可能な限り早い段階で明文化することが重要である。

経営理念は戦略ではないので、あまり具体的なことを述べる必要はない。精神的支柱、心の拠りどころ的なものであり、少し漠とした内容でよい。例えば「○○を通じ、世のため人のために貢献する」とか「わが社の目的は、○○を通じ、世界の人々を幸せにすることである」といったものである。

ところで理念がその企業の憲法であれば就業規則の第一条にこそ、それを明記すべきである。このことを以前から提唱し、相談にのっているのが、東京の青葉総合法律事務所の山田勝彦弁護士を中心とした「人を大切にする経営をサポートする弁護士ネットワーク」である。

[略歴]

坂本光司（さかもと・こうじ）

1947年静岡県生まれ。法政大学大学院教授（2018年定年退官）等を経て、現在は、千葉商科大学大学院中小企業人本経営（EMBA）プログラム長。主な著書に『日本でいちばん大切にしたい会社』シリーズ全7巻、『経営者のノート』（以上、あさ出版）、『利益を追わなくなると、なぜ会社は儲かるのか』（ビジネス社）などがある。

＜自宅＞

〒421-0216　焼津市相川1529

電話　054-622-1717

メール　k-sakamoto@mail.wbs.ne.jp

「新たな資本主義」のマネジメント入門

2021年4月26日　第1刷発行

著　者　坂本 光司

発行者　唐津 隆

発行所　株式会社ビジネス社

〒162-0805　東京都新宿区矢来町114番地 神楽坂高橋ビル5F

電話　03(5227)1602　FAX　03(5227)1603

http://www.business-sha.co.jp

〈装幀〉中村聡

〈本文組版〉朝日メディアインターナショナル株式会社

〈印刷・製本〉中央精版印刷株式会社

〈営業担当〉山口健志

〈編集担当〉中澤直樹

ISBN978-4-8284-2272-5